安倍総理のスピーチ

谷口智彦

文春新書

1382

安倍総理のスピーチ

◎目次

第1章　スピーチライターとは何か

わたしが総理官邸に部屋をもらって安倍晋三総理大臣の外交スピーチライターを務め始めたのは、二〇一三年二月のことだった。同月、内閣審議官に就任、翌二〇一四年四月に内閣官房参与となったというのが役所的な履歴である。肩書きはともあれ、二〇二〇年九月の安倍内閣総辞職まで、安倍総理の外交政策スピーチを多く手掛けることとなった。

本書は、同総理の主要なスピーチを紹介しつつ、安倍外交の歩んだ道を辿《たど》ろうとするものである。

そもそも本邦には、プロフェッション（専門職）としてスピーチの書き手を養成する仕組み、課程は、どこにもない。スピーチライターへの需要それ自体が、官民を通じ、制度として存在しない。

もとよりわたしも、スピーチを書く者として専門的な教育訓練を受けたり、経歴を積んできたりした人間ではなかった。

あたかも「スピーチを書くこと」という職務の指定があるかのような役割において外部から採用され働いた者としては、外務省でも、のちには総理官邸でも、初めてだった。「初めて」というのは、明治以来近現代史を通じて空前、という意味だ。わたしが去ったあと、後任のスピーチ担当者は旧慣を踏襲してお役人になったから、当分は「絶後」ともなる。

ことほどさよう、需要がないので、供給も生まれない。マーケットが成り立っていない。なりたいと思い立った若者がいたとして、彼または彼女の先には、叩くべき門すらない。

わたしの場合、気づけばスピーチを、それももっぱら外交政策に関するスピーチを書くことを自分のミッションとするようになっていたのは、実にふとした機縁によった。

「日本人」としての意気地

わたしは経済雑誌（『日経ビジネス』）の記者として育った。そのごく初期において運と縁に恵まれ、フルブライト奨学金を授かり米プリンストン大学で一年を過ごした。記者になったのがひとより四、五年遅れていたから、初期といっても三〇代半ばのことだ。

プリンストンにはその美しいキャンパスのあちこちに、充実した図書館が散在していた。最も大きいのは、有名タイヤ会社を興《おこ》したファイアストンのカネを元手に建った同名の図書館で、全館開架式。書棚の間口を全部足し合わすと、一一〇キロメートルに達するという。

そこはあたかも森閑《しんかん》とした森の中である。蔵書の日焼けを嫌ってか陽光を遮《さえぎ》り、照明も落としている。そんな中を、書架、また書架を訪ねて歩いた。借り出せる冊数に上限がないのをよいことに、抱えきれないほどの本を持ち出した。

机に重ね、読み始めてようやくにして気づいたのは、自分の関心対象を扱った書物なら、辞書の助けなどなくとも読め、読書の速度が上がるということだ。

面白いと思える本でない限り、読み通すのに苦労するのは、邦語の本であれ、英語の書物であれ同じこと。自分の関心が国際政治経済学方面に強く向いていたことが、その過程で自覚できもした。

開眼というにはいかにも遅かった。とはいえようやく分厚い英語の本を読む喜びを知って、読むなら英語の本、と自らに課し読み進めるうち、次第に書く力や、話す際のレトリックに好影響が出た。

一九九七年からの三年と少し、ロンドンを拠点にしていたときは、四〇代入りとともに英語の学習曲線がその傾きをいくらか急にしたのを感じ、世界がそれとともに広がった。

スイスのアルペン・リゾート地を舞台に例年一月末、厳寒の時期に開かれる世界経済フォーラム年次総会（ダボス会議）には、「メディア・リーダー」として、どんな分科会にも木戸御免で加われる身分証をもらい、三年ほど欠かさず出た。

ロンドンでは、活動に熱心な日本人が初めて現れたと珍重され、一部の人々に担《かつ》がれロンドン外国プレス協会の会長選に出馬して当選、就任した。

同協会の創立は一八八八（明治二一）年。外国人記者クラブとして世界最古の団体だったというのに、東アジアはおろか、彼らがよくいう「スエズ（運河）以東」から選出されたプレジデントは、わたしより以前には誰もいなかった。

前後して、ＢＢＣテレビが在ロンドン外国特派員三人ほどを集め英国の政治や経済を論じさせる番組（当時、日曜放送の「デイトライン・ロンドン」）に、月に一度の頻度で出た。英文のエッセイを毎月一本、ロンドンで細々と出ていた雑誌（Japan Insight）に載せたりもした。

これらの活動で直接得をすることは、何もなかった。

英語世界における営為は、本人がどれだけ日本のためにと無私の献身・奮闘をしているつもりでも、日本語世界に住まう人々の関心対象になかなか入らない。当時そうだったし、今でも変わらない。所属する組織における評価とは、したがって縁がない。またBBCにどれほど出ようが、金銭的報酬などは一切ない。

それでもせっせと続けさせたのは、自分における意気地である。

ロンドンで、ダボスで、日本とわが同胞の影はあまりにも薄かった。特派員、駐在員など日本人の実人員の数は、実は他を圧して多かったのに、だ。わたしは「日本人がひとり、ここにいるぞ」と常々主張したい衝動に駆られ、そのうち、まるでいつも背中に日の丸のゼッケンでもつけて歩いているような気持ちになった。

同胞諸氏があまりにも人見知り、内弁慶であることに、歯ぎしりしたい気持ちだった。こんなことじゃあ、日本の立場を主張するなどいつになったって望めない。だったらこの自分がやってやろうじゃないかという、それが意気地である。

外務次官からのスカウト

くだって二〇〇五（平成一七）年、わたしはまだ雑誌社（日経BP社）に籍を置きつつ、米ワシントンＤＣで暮らしていた。

ブルッキングズ研究所という老舗《しにせ》シンクタンクで、いくばくか支給してくれる生活費と専用の部屋をもらいながら、会議に出たりペーパーを書いたりする生活だった。すると、春のある日、一人住まいのアパートで電話が鳴る。外務省の谷内《やち》正太郎《しょうたろう》事務次官からだった。

外務省に来る気はないか、外国記者向けに会見をする、対外発信を担うといった仕事を、幹部の一員としてやってみる気はないかとのお話。妻に相談する時間こそ置いたけれど、内心では即断即決、首を縦に振っていた。右に述べてきた自分の閲歴、意気地のゆえだ。「酬《むく》われない努力と思ってきたが、見ていてくれた人はやはりいた」のだと幸福感を味わって（不肖わたしを推挙してくれた先輩ジャーナリストがいたことは、すぐのちにわかった）、わたしは思ってもいなかった外務省員＝公務員に経歴を移動することになった。

ほどなくして、麻生太郎という、スピーチを得意とし、かつ好む人物が外務大臣に就任、われわれの前に現れた。

のちに谷内次官が語ったところ、「日本外交に戦略というものはあるのか」と、新大臣、早速のご下問だったという。

「もちろんあります。それじゃあ大臣、わが国はかくかくの考えで外交をやっているのだというところ、メージャー・スピーチ（「本格的な演説」を、外務省などではこう呼ぶ）にして、月に一回くらいのペースでお話しくださいませんか」

「ああ、いいよ」。二つ返事で答えるしゃがれ気味の、特有の声を聞きながら、谷内次官は、雇いはしたものの無聊《ぶりよう》をかこって不平を鳴らしていた谷口の存在を思い出す。それなら、と、麻生スピーチを書く役目がわたしに回ってきた。

以上が、前に述べた、わたしを外交スピーチライターなるものにしていくこととなった「ふとした機縁」だ。

そこからは、つづめていうと、大小無数に、書いた、書いた。

二〇〇七年五月一八日、アジア史を研究する学者の集まり、東方学会（当時は外務省所管財団法人）が主催する第五二回国際東方学者会議への大臣祝辞というものを書き、大臣の決裁をもらって、会議での朗読をわたしが代役として務めたことがあった。小品であって、思い返す人もいまやいない。以下に再録しておく。

私　挨拶をせよと仰せつかりまして、今回シンポジウムで発表されるペーパーの題名を

ざっと拝見いたしました。

「朝貢から互市へ」というタイトルが見えます。これは中国の交易関係を論ずるものでしょうか。From Tribute to Mutual Trade という英語の題名を見ますと、なんとなく中身の想像がつきます。ほかには、「分岐か独自か・アジア史とグローバルヒストリー」、かと思いますと、「風景の発見・日本文学の場合」などなど、題名から想像を逞《たくま》しくするほかありませんが、大いに関心をそそられるテーマが並んでおります。

東方学会に集う研究者の皆さんが、現代と歴史を盛んに往復なさる尽きない好奇心をお持ちであることをよく理解できる気がいたしました。

皆様の研究分野は、苦心して本になさっても、ベストセラーになどならぬものと心得ます。一つの研究に、おそらくは短くても数年、十年やそこらは、ざらにかかるというものでありましょう。それにしては、割に合わない分野であろうと、アマチュア歴史ファンとしては常々思って参りました。

しかしそのような、いわば当座の用ではなく、悠久の歴史に真理を求める学問に精を出す人が、社会の中で必ず一定比率いるということ。そこに私は、日本の底力を支える見えない担保があると思うものです。

さらに申せば、そのような方々が、日本の歴史を通じて、脈々と絶えることなく、必ずいつもいたおかげで、私どものアジア地域に対する理解が常に一定の量と質を保ってきたのであろう、しかもその質・量たるや、世界のどこに出しても見劣りせぬどころか、大いに胸を張ってよいものであったのだろうと、思っております。

素人考えをこれ以上申し上げますとボロが出ますので、本日ここに、第五二回目の国際東方学者会議を開催なさいますことに心よりお慶びを申し上げ、皆様方のさらなる精進を期待申し上げまして、私の挨拶と代えさせていただきます。

外務大臣　麻生太郎（広報文化交流部参事官代読）

原稿の言葉遣い自体を、すでに控え目な麻生節にしてあった。朗読でさらに少しばかり声色《こわいろ》を加えたところ、主催者の学者たちが喜ぶまいことか。「大臣の肉声がこんなによく聞こえてくるすばらしいものをくださって」と、感激の面持ちだ。わたしは痛快の念やみがたく、ただ、騙《だま》したみたいでもあって、ちょっと申し訳ない気持ちにもなった。

スピーチは誰のものか

ここで大前提として、「スピーチは誰のものか」という問題を考えておきたい。

大統領や首相が自分の語る演説の草稿を自ら書き下ろす例は、皆無とはいわない、しかし極めて稀である。それをなすべくして、当の本人はあまりにも多忙であるというのが端的な理由のひとつ。

いまひとつは、政策を語るスピーチである以上、幅広い関係者を巻き込み、その同意を得て、政策として実行できるものにしておかなくてはならないということ、かつ、そんな面倒なプロセスを、首脳本人に担わせるなどおよそ不可能であるという事情による。

米国の大統領や国務長官が他人に書かせた原稿を読んでいることは、右に記したいきさつによって当たり前。誰一人これを疑問としない事実だ。

しかし日本では、依然としてそうではない。はなはだしきは、安倍総理が紙に印刷した原稿を読み上げる様を称し「カンペ（カンニング・ペーパー）を読んでいる」と揶揄《やゆ》した（つもりの）手合いすらいた。

どうやら日本には「素朴正直偏重主義」とでも名付けたい、ある強い傾きがあって、他人のペンから生まれたものをさもおのれの作文であるかのように読むことに、不実なものを感じる向きがあるらしい。

わからないではないけれど、よく書けたスピーチとは、スピーカー（話し手）ができあがった原稿を読むうち、その目に灯りがともる類《たぐ》いのものだ。その瞬間、くだんのスピーカーは、スピーチ原稿を「自分の」ものだと確信する。

そのようにしてスピーチに「これは確かに自分のもの」とオーナーシップを感じることのできるものとしてこしらえ、スピーカーに渡してやれるか。スピーチライターの良否が決まる一線でもある。

米国では、どの大統領がどういうスピーチライターを用いているか、政権発足後、ほどなくして公知の事実となる。ロナルド・レーガンのペギー・ヌーナン、遡《さかのぼ》ってＪＦＫのシオドア・ソレンセン、というように。

しかしどんなに成功したスピーチといえども、「ケネディの」演説とは言っても、「ソレンセンの」とは、まかり間違っても言わない。「ソレンセンが、ケネディに読ませたものだ」などという主客転倒した理解に至る者も、まず、現れない。

ケネディあってのソレンセンであり、ケネディがソレンセンに「書かせて」いるのであって、ソレンセンがケネディに「読ませて」いるのではない点、曇りのない判断が共有されているからだ。

ただし主客のこの関係をつなぐものは、共有の価値観だ。発想のクセであり、感情の動きのパターンだ。あるじの涙腺が緩《ゆる》みかけているとき、サーヴァントの頬に冷笑が走るようでは、成り立たない。

スピーチを書く自分が何かに感動したとして、「安倍さん」もきっと感動するに違いないと自信をもって思えるような知・情・意における一体性——。それがなければ、書けない。

一見、言葉の職人であるかにみえるスピーチライターが、その技芸をもって誰にでも奉仕するというわけにいかないのはどうしてか、そんな事情から察していただけよう。

安倍総理がいよいよ退任する間際、官邸のさる筋から「『殉じる』ようなこと（一緒にやめること）をしないでもいいじゃないか、残って続けてみることはできないのか」と暗に残留を誘われた。「こればかりはどうしても」と、即座にお断りした。

できあがったスピーチは、安倍総理の、安倍総理による、安倍総理のためのものになる。安倍総理がいなければ、自分はいないのであるから、この場合、わたしという人格に、切り出して成り立つ単体としての価値はない。

たとえばスタジオジブリには、たくさんのアニメーターがいて、多層の分業が成り立っているだろう。しかし出来上がった作品は、あくまでも宮崎駿《はやお》作品であって、アニメーターの誰それのプロダクトだとは、誰一人思わない。あれと、同じである。

そもそも安倍総理には、自分のスピーチで、日本外交の地平を切り拓こう、広げようとする強い意欲があった。敵千万。しかしおのれの演説で、日本の国益を守りかつ育て、天下に日本の姿を知らしめたい——と、発信へのそんな強い熱情があった。

スピーチライターに対する近代日本において初めての強い需要は、そんな安倍氏内奥《ないおう》の動機から発生した。

わたしは安倍総理の、ある限定つきの文脈において、「使える駒」だったのであって、それ以下ではないけれど、それ以上などではまったくない。

安倍総理との出会い

麻生外相のスピーチをてがけるようになってから、だいぶ経った頃のこと。二〇〇七年の夏、安倍晋三総理（第一次政権）がインドネシアとインドへ出張することになり、両国おのおので読むスピーチの原稿書きという役目が降ってきた。

ときの総理が外遊先でメージャー・スピーチを読む場合、その起案は、外務省のしかるべき担当者が担うというのが当時の通例だった（第二次安倍政権では、わたしがそこを官邸で担った）から、外務省で書く、ついてはもっぱら外交スピーチ作成を任としていたわたしが書く段取りとなった。

これが、安倍総理との、仕事を介した初めての出会いだ。先立つこと数年、多田幸雄という日商岩井（のちの双日）の、ひとも知る偉大なネットワーカー（人脈が多い人）が開いてくれたご縁で、安倍代議士と席を共にしたことが一、二度はあった。

第一次小泉純一郎政権で内閣官房副長官の地位にあった安倍氏のもとへ、亡き斎藤（福永）美津子さんに付き添われて旧総理官邸まで会いに行ったのは、あれは「九・一一」米国同時多発テロの後だった。

自民党代議士の夫をもち、みずからは国際基督教大学で通訳・コミュニケーション論を長年講じて多くの後進を育てた斎藤先生の紹介を得たわたしは確か、「わが国の発信力を高めるため、何かやらせていただけることはないか」と、安倍副長官にお願いしてみた、というのがいきさつである。

無知といおうか無謀といおうか。いきなり現れた馬の骨をすぐさま拾って使うなど、日本はおろか、どの国でもざらにあるまい。

米国が攻撃をうけ、反撃に転じようというとき、日本は同盟国として何ができるかもっと声を大にすべきだと、自分なりに焦慮に駆られての請願ではあったけれど、安倍副長官からは、その後音沙汰がなかった。

とそんな、付き合いとすらいえない接触が、幾分かあったに過ぎなかった。総理大臣となった安倍氏のスピーチを任されるのは、光栄ではあった。けれどもその人となりは、まだ何一つ知らない。インドでの演説づくりは、その意味で心細さを抱えたままでの作業となる。

とここら辺りまでで、わたしが俗にいうスピーチライターなるものになったいきさつについてお察しいただけたことと思う。

スピーチの技法

政策スピーチとは、あえて教科書の定義ふうにいうならば、政策とその背後にある思想を言葉にし、聴衆の記憶、発想、態度に長く残る影響を及ぼし、あわよくばその振る舞い、行動に変化を促そうとする言語的営みである。

いま言った「態度」はアティテュード、「振る舞い」はビヘイビアに当たる。

日本の指導者が外国向けに語ったスピーチの内容に得心し、「日本はいい国だな」と思ってくれたなら、その聴き手は日本に対し「態度」を変化させてくれた、ないしは固めてくれたことになる。

次に例えばその人の地元で日本を非難する中国系、韓国系の住民の動きが現れたとして、「日本の言い分も聞いてみよう」とその同じ人物が挙手、発言してくれたとすると、日本の指導者の話は、時間を置いて、聴衆の「振る舞い」に変化を及ぼしたことになる。

いま述べた「態度の変化を行動の変容につなげる」ことこそは、ストラテジック・コミュニケーションズと呼ばれ、米英両軍の対敵慰撫《いぶ》工作において発達をみた手法の要諦をなすものだが、総理大臣のスピーチともなると、いつも必ずこの効果を狙うものだ。

世間には、そのつもりになって眺めてみると、意外に多く、身近なスピーチの需要がある。結婚披露宴での、来賓挨拶。反対に、葬儀会場での、喪主の挨拶。この後者などは、万人を、生涯に一度は聴衆に血涙を絞らせる名スピーチライターになし得る機会だ。

これらのスピーチあるいは挨拶は、右に規定した定義による政策スピーチと、それが音声を使って聴衆の耳朶《じだ》を打とうとするものである限り、要素において共通なところを数多くもっている。

第一にスピーチとは、スピーカー（話し手）があって初めて成り立つ。同義反復のようだが、先の「スピーチは誰のものか」という問題にも通じる肝心要《かんじんかなめ》のところだ。

総理大臣が語る内容は、いつか聴衆は忘れてしまう。細部を思い出したいなら、ウェブサイトを検索すればテクストをいつでも取り出せるから、記憶しておく必要はない。

しかし、日本から来た首相は「あんな感じ」だったというその印象は、長く残る。

日本の「あの」リーダーは立派な人だった、良さそうな人物だった、あるいはくるくると頭のよく回る感じに見えたという好印象を残すことが、最低限の、ほかを忘れてもらってかまわないという意味では最大の、達成目標となる。

中身に込める弾《たま》、つまり金額でいくらに当たる支援を相手国へ新たに実施するとか、いままでになかった政策として何を打ち出すとかといった新味をどうつくるかに腐心することは、大切でないとはいわない。

しかしそれを項目列挙風に、かくかくをいたします、また一方しかじかも実施しますと並べたところで、スピーチになるわけではない。箇条書きの一枚紙にして配ってくれた方がよほど時間の節約になりそうなものなら、そうしてくれた方がお互いのためだ。

お役所ふうスピーチ原稿とは、得てして箇条書きに毛が生えた程度のものとなりがちである。察するに、曲があってはいけない、踊ったり歌ったりしてはいけないという自制が働くらしい。

　役所の課長クラスが読み上げるものならまだしも、総理のスピーチなら、日本の代表として現れる人物に好印象をもってもらうことは、アルファにして、オメガだ。しかもその話が面白くなければならない。

　声を媒体として届けるものであって、始めに声帯を震わせて音波をつくり、聞き手の鼓膜を揺すって電気信号を生み、それを脳内で変換させて届けるものがスピーチである。

　これだけ手間暇かけておいて、最初にナニナニ、次にナニナニ、三番目にはコレコレですとモノトーン、曲のない羅列をしたのでは、いかにももったいないのに、繰り返すがこの類は日本における標準形だ。社長室室長が書く民間企業トップのスピーチにも、このパターンが多い。それを会長や大臣が、いかにもつまらなそうに、面白がっては誰かに申し訳ないとでもいった表情で読む。

「巧言令色、鮮《すくな》し仁」と、その対句「剛毅木訥《ぼくとつ》、仁に近し」という論語の呪縛、江戸期に類型化され固着した武士道徳の縛りに、日本の男性リーダーたちは（そしていつしか女性幹部たちも）いまだに強く拘束されている。

スピーチとはステージ芸術である。あるいは歌だ。聴衆に感動を与え、その力で態度を変えさせ、行動を変容させようとするものである限り、音声芸術に必要な技術は、当然駆使しなくてはならない。

それは一に間《ま》、二に音の強弱、三に音の高低のコントロールである。ほんとうはもうひとつあるが、それは次節で触れる。

聴衆を、水を打ったように静まりかえらせたいなら、イントロ部分にあえて長い休符を打ち、無音で数秒も待てばよい。口を閉じ、会場を埋める聴衆の目を後ろから前へと見ていくのである。

歌ならサビに当たるパッセージが次に来るのなら、先立つどこかに全休符を置いたあと、徐々に音を強くするクレッシェンドにする。反対に、いま言ったことを聞き手に浸透させたいなら、次第に音を小さくするディミヌエンドにするとともに、音を低くする。おしまいに大サビを置いて朗々と歌い上げたいなら、そこはいちばん強い音、フォルティシモにしなくてはならない。

これを歌い手＝話し手にそのとおり読んでもらえるかどうかは、半ば以上原稿の良否にかかる。スピーカーがこれなら読みたい、いや歌を歌うように読みたいと思える原稿になっているなら、話し手はさほど苦労することなく、所要の曲をつけて読んでくれるだろう。

作詞家としておびただしいヒット曲を書いた松本隆氏が、いつかテレビの番組に出て太田裕美や松田聖子のため詞を書いた当時をふりかえりながら、「原稿ができあがっても、詞の場合、それが完成じゃない。歌われて初めて、完成する」のだと言っていた。

スピーチ原稿の作成において、まったく同じことが言える。読まれてこそ、原稿は完成する。読み手が安倍晋三氏なら、その安倍氏がこれなら読みたいと思い、感情を込めて読めるように作る。それが本当にデリバーされ（読まれ）たとき、原稿は完成に至る。

だから読みやすいものでなくてはならず、間違いにくい原稿でなくてはならない。

「幼稚園の子が読んでも意味のわかる言葉、読める漢字を使おう」と思ってきたと、松本氏は信条を述べている（延江浩『松本隆　言葉の教室』マガジンハウス、二〇二一年）。

耳から聞くだけで意味をつかんでもらわなくてはならない原稿である以上、スピーチも同じ。その書き手が、よく弁《わきま》えておかなくてはならない大切な教えだ。

スピーチの言葉術

たとえば「カンショウ」。勧奨なのか、鑑賞なのか。干渉もあるし、緩衝もある。感傷なのかもしれない。「ケンガイ」の場合の圏外と県外は、発音上区別がない。「懸崖」という言葉は強勢において異なるけれど、今度は聞き慣れないからわかってもらえない。平仮名で書けるものは平仮名で書き、大和言葉で置き換えられるものは極力大和言葉で置き換えることに、わたしは終始一貫努めた。

数ある同音異義語のうちどれなのかを即断しいしい聞いていると、聴衆の脳内プロセッサーは熱を帯びて疲れてくる。途中から、意味を追えなくなる。

発音する側からすると、「後期高齢者」、「施策を実行」、「所要の改善策の検討を急ぎ可及的速やかに」、云々《うんぬん》と、漢字語の連なりを読まされているうち、滑舌《かつぜつ》は次第に衰え、悪くすると、一時的にせよ難読症になる。

原稿の読み飛ばし、漢字の読み違いをしたとして心ない嘲笑を浴びた少なくない政治家の誤読パターンをよく見ると、演説後半以降に間違いを集中させている。その大半は、漢字語の読み違いだ。

つまり間違いやすい、読みにくい原稿をつくった（この場合十中八九）官僚こそが、責めを負うべきである。つくりながら舌にのせ、リズムよく読めるか音読しいしい書かないから、こういう事態になる。

これらの事情は、英語においてもなんら変わらない。年に一度、一月か二月、米国大統領は議会に出て「ステート・オブ・ザ・ユニオン・アドレス（年次教書演説）」という一時間を超える演説をする。

その文体を見ると、よくわかる。関係詞でつなぐ複文は、まず全くといっていいほど出てこない。語彙《ごい》の範囲は、中学生でもなんなく咀嚼《そしゃく》できるもののみ。一文は極めて短く、その連なりは、スタッカートというか、一種のグループ感を生む。

それでも始終読み違えるのが、史上最高齢のジョー・バイデン大統領だ。ドナルド・トランプ前大統領は、自他とも認めるインテリ嫌いの割に、舌を噛んで読み損ねることが非常に少なかった。通算何時間もかけて読み上げの練習をしなければ、そうはならない。

安倍総理の場合、聴衆へのインパクトを考え、英語で読むと最初から決めた場合を除くと、大半は日本語原稿を読んだ。

ゆえにわたしは、読みやすさを一義に、短い文章を連ね、易しい言葉を用いるよう努めた。そこを徹底し、ひとつの段落を二、三行の長さに留め、読んでも聞いてもやさしいスタイルを確立させたのが、第二次安倍政権で総理の国内向け主要演説をすべて担当した佐《さ》伯耕三《いきこうぞう》秘書官（当初は内閣副参事官）である。政権は長く続いてこそ、こういう書き手を育てる。

よく書かれた原稿は、先に述べた三要素（間、ボリューム、トーンのコントロール）に加え、もうひとつ重要な要素の制御を容易にする。それは、またもや音楽の比喩《ひゆ》でいうと、ＢＰＭ（一分間当たり拍数）の上げ下げだ。

ゆっくり噛んで含めるようにしゃべるところがある一方、楽譜で言うと一小節に一六分音符が詰め込まれていて、早めにしゃべるところがある。この上げ下げは、スピーチから単調さを消すうえでこのうえなく重要だ。

逆の例を想像すればよい。単調で退屈するスピーチとは、始めからおしまいまで、常に一定のテンポで進行するもの。入社式から創立記念日スピーチまで、読者諸賢がこれまで社長や会長がしゃべるのを聞かされ睡魔にいざなわれた経験をおもちなら、理由の大半はこれ、すなわち話し手にＢＰＭを上下させようとする意図がないところに求められる。

スピーチライターの資質とは？

では、スピーチライターに求められる「資質」とは何だろう。ネットを検索すると、米国ホワイトハウスが大統領専属スピーチライターを雇い入れる際、何を求めるか書いたものが見つかった。これが、多々頷《うなず》かせるものを含んでいる。

面白いのは「備えているべき特質（コンピテンシー）」として列挙してある項目で、そのまま訳してみると、「匿名でいることをなんとも思わない」、「〆切に間に合うよう長時間働くことに前向きである」、「ホワイトハウスのほかの職員と一緒に働くことに、意欲的である」ことに加え、「経済その他政策の論点を、一般大衆がわかるよう嚙み砕いて説明する力」、「大統領の性格、スタイルをよく反映させた、大統領の声が聞こえてくる原稿を書ける力」、「危機的状況の事実、インパクトをよく踏まえ、プレッシャーの中、盛られた思想の質を犠牲にすることなく、迅速な執筆ができる力」、「批判やコメントを喜んで受け入れ、かつ、修正を取り込んで書き直し原稿をつくる能力」——をもつこととある。

実によく要件が定義されていて、わたしとしても膝を打ったり、感心して嘆息したりだった。実地に経験を蓄えた人でなくては書けない項目ばかりである。

スピーチライターとはまず何よりも、組織の人である。ホワイトハウスの掲げる条件にも、「長時間労働を厭わず、同僚との協働に意欲的であるべし」、と書いてあった。

先にも述べたとおり、ここでいうスピーチとは、政策を打ち出すワザである。政策であるから実施部隊は政府機関となる。関わるのは政府職員すなわち公務員で、その実施には多くの場合、立法措置と予算の裏付けが必要になる。となると立法府（国会）も関係してくる。

これを大会社の会長、社長に置き換えても変わらない。

上流部門にある研究開発から、製造、そして川下の営業まで、関係部署が多岐にわたるなら、動員できるヒト・モノ・カネへの配慮や手当て抜きで会社として新機軸は打ち出せない。つまりスピーチで何かを世間に打ち出したい場合、多方面との調整が欠かせない。スピーチライターの仕事が最高指導者と一対一で相談を重ね、整った文章をこしらえてそれでおしまいなら、話は簡単だ。

打ち出す政策に関わる実行部隊や予算措置に腐心する財務部門の責任者たちが、我が事として担げる政策になっているかどうか。

余計な話を付け加えると、「他人事」をヒトゴトと正しく読めずタニンゴトと誤読した習慣が、その対義語をジブンゴトであろうとする二重の誤解にもとづく推測に至らせたか、昨今このジブンゴトなる言葉をよく耳にする。わたしは声に出したとき音色が汚い新語は用いない。使うなら右のように、「我が事」という古来の言葉があるからそちらを用いる。

多様な関係者が「そうです、これを言いたかった。よくぞきちんと言葉にしてくれました」、あるいは「自分たちが気づかずやってきた仕事には、実はこういう意味があったんですね」と思わず口にしたくなる出来映えとなったなら、政策スピーチは上首尾だ。この場合のスピーチ・ライティングは、すでにある何かの列挙、説明というレベルを超え、むしろ政策の発見、自己確認、言語化プロセスとなる。

実施部隊や財務部門のコメントや注文を入れ、彼らが担ぎたくなるものに仕上げていく過程は、何度もの書き直しを必要とする。

ホワイトハウスが求めるように、「批判やコメントを喜んで受け入れ、かつ、修正を取り込んで書き直し原稿をつくる能力」が絶対に必要だ。スピーチ・ライティングとは、何度もの書き直しに耐える、いや、むしろ嬉々として応じる仕事である。

徹宵能力で信頼を勝ち取る

わたしは先に述べた経緯で外務省に雇われ、スピーチを書く役目を言いつかった。

麻生外相のため最初に書いたのが、「わたくしのアジア戦略　日本はアジアの実践的先駆者、Thought Leader たるべし」と題した長い演説で、「発動（と外務省では好んで言う。実際に会場で読み上げること）」は二〇〇五年一二月。

このときアジア大洋州局長だったのはのちに外務事務次官を経て駐米大使となる佐々江《ささえ》賢一郎《けんいちろう》氏で、わたしのドラフト（草稿）を見ると主管課の課長に指示を出し、原稿をいじるな、そのまま通せと言ってくれた。有り難いやら、嬉しいやらで、いまだに恩義を感じる。

「わたくしの」と所有格を明確にし、外務大臣の人格を前面に打ち出した演説、いわばパーソナライズしたスピーチは、それ以前、外務省はおろか、永田町・霞が関のどこにも存在していなかった。

政策実施に責任をもつ大臣が語りながら、その大臣を主語とするスピーチが皆無であったとは、なにごとかを語って雄弁である。

大臣とはいわば「お飾り」であって、それ以上のものではない。政策を立案し実行する真の主体は役人なのであって、大臣はそのマウスピースに過ぎない以上、なまじの主語など与えぬが花、というわけだっただろうか。

もうそんな時代ではない。選挙民の負託を得た大臣、総理が、自分の政策をおのれの名を主語として語れる、語るべきときがやってきている。

加えていまひとつ事情があった。

麻生氏には、やれ右翼だの、保守反動だのというネガティブな攻撃が内外から浴びせられていた。それは日本という国とその国柄へのアタックでもあったから、対抗するには麻生氏の開明的で啓蒙的な思想をもってする必要があった（この辺りの動機はのちに安倍総理についてほぼ同様に抱いた）。

しかも、麻生氏や、ひいては日本をあしざまにいう国、国民となると（批判を事とする職業のジャーナリストや一部学者を除いて）、世界広しといえども中国と韓国、その国民であって、それ以外にほとんどいない。

「アジア戦略」を語ろうとするスピーチの想定聴衆は、もっぱらこの二国とその国民になる。それを、無人称無人格で語られるものにしてはならない。麻生太郎という人物の個性とその信念を説得力の担保とすべきであろう。

そう考えたうえでの、異色の題名であり、内容だったから、佐々江局長が何も言わず通してくれ、心から嬉しかったわけである。

けれども実は、ノーチェックで通ったのは、後にも先にもこれ一度きり。ビギナーズ・ラック（始めたばかりでうまくいく幸運）だった、振り返るに。

そのときもそれ以後も、わたしが原稿に取り組むのは集中できる深夜が多い。

主管部局でわたしの相手をするのは、年のころ、三五、六。世間では課長補佐クラス、外務省では首席事務官と称するそろそろ脂《あぶら》の乗ってきた連中だ。

そんな彼らの一人から、原稿への注文が例えば午前二時に来たとする。わたしは、それが必要な修正ならば彼または彼女が翌朝役所へ来るまでに仕上げ、返却してあるから、登庁してパソコンを開き、わたしからの返事を見出して驚くわけである。「え、谷口さん、いつ寝てるの」と。

深更に及ぶ働き、徹夜の必要な場合にやり抜く能力で、結局わたしは自分より一五歳くらい若い彼らの誰よりも勝っていたようだ。麻生外相は手をかえ品をかえ外交スピーチをしたから、都度《つど》、わたしは新しい局、課の首席事務官と協業し、そのたび徹宵《てつしょう》能力で圧倒した。

明らかにこれで、彼らはわたしに一目置くようになった。外務省員たちは、わたしを新参、外様《とざま》扱いしなくなった。

官僚たちによる修正要求に耐えて

安倍総理に読んでもらったスピーチは、例年の国連総会一般討論演説や季節ごとの「定番」もののほか、この先詳しく取り上げていく「一品モノ」など多岐にわたった。その毎回の書き直しが平均何度くらいに及んだか一概には言いにくい。七、八回から一〇回程度か。

　毎回の書き直しは、二、三日猶予を置いて仕上げるなど、悠長なことは言っていられない。今日ついた注文を反映させ、新版をこしらえるのは明日までだ。日本一ゆとりのない時刻表で動いている人が発注主なのだから仕方がない。

　つまり右に挙げた回数は、ほぼそのまま、徹夜の回数になる。げに、「〆切に間に合うよう長時間働くことに前向きである」ことが必要な所以《ゆえん》。

　もっともこれは外務省との数次のやり取りを経たのち、総理秘書官室メンバーから受ける指摘を反映させた回数、いわば「前捌《まえさば》き」段階での修正回数をいう。

　外務省はわたしの原稿に彼らが重要と思う指摘を加え、予算当局との折衝《せっしょう》にメドが立たないようなら金額に関わる部分を容赦なく削ってくる。

　それはやむを得ないとして、その際文章の整序が乱れようが、同一の助詞が幾度も続いて醜悪になっていようが、よくあることとして、主語を隠蔽《いんぺい》する受動態になっていようが、お構いなしだ。

わたしはそんなとき、内心で呪いの言葉を吐きながら、日本語としての美を取り戻すべく、また数十分から数時間を費やす。なおわたしは自分が手がけたドラフトに、受け身形はきっと、一度として使っていない（一度か二度くらいはあるかもしれない）。

そんな過程を経たうえで原稿は官邸五階に昇り、秘書官室でのチェックとなる。ここで、重量級の指摘を受けることが度々《たびたび》だ。心に呪詛《じゅそ》の言葉が鳴り渡る。あぁ。あー。はぁあ。くっそー。

しかし、とわたしは姿勢を立て直す。秘書官たちは、来る日も来る日も、安倍総理と行動を共にし、形影相伴うごとく一緒にいる。総理の喜怒哀楽を、誰より見て知っている。その判断は総理自身が下すであろうそれに、極めて近い。だったら文句を言わず、注文に応じよう、と。

総理のチェックポイント

ここで二度、三度とラウンドを重ね、原稿はやっと総理執務室に入る。総理に原稿を手渡し、わたしが試読の意味で朗読するか、「お読みください」と黙読を促すかする。

黙読を始める総理は、口を動かしながら読んで、舌にうまく乗る文章か確かめる。右手の届くところにあるコーヒーテーブルから鉛筆を取りあげ、気になるところにチェックを入れる。

やがて読了。しばしの沈黙。このときの、尻のムズムズする緊張感といったら。仕上げたばかりで自信などこれっぽっちもない原稿をデスクに読んでもらいに持って行った遠い昔、駆け出し記者時代の記憶を、まざまざ甦らせてくれた。

「ここは、これこれこういうことを言いたいんでしょ。だったらもっと前、この辺に持ってきたらどうかな」。安倍総理の指摘は、「デスク」としていちいちごもっとも。そのとおりでございますと縮こまらねばならないものが多かった。

反対に、「はい。じゃ、これで」と言ってくれたときは、深い安堵《あんど》のため息をついた。ただし、どうせならもっと派手に、「うん、すごくいいね、面白いね」とどうしてこの人は言ってくれないのかと思ったことが一度や二度でなかったことを告白しておく。

先に名を挙げた佐々江氏が駐米大使のときだ。わたしはさる件でワシントンを訪れることになった。二〇一五年の三月。翌月末、米国東部時間なら先帝昭和天皇の生誕日に当たる四月二九日、安倍総理は日本の首相として初めて、米国連邦議会上下両院合同会議で演説する運びとなっていた。佐々江大使はこれを見越して種々手を回してくれ、バラク・オバマ大統領の筆頭スピーチライター、ベン・ローズ氏と会えるよう計らってくれていた。

先方指定の時刻にホワイトハウスのウエストウイング、ここでと通された部屋に入ると、そこは四方を壁に囲まれた窓のない一室だった。約束の時間から三〇分は経っていただろうか、本当に現れるかこちらが不安になる頃、やっとローズ氏は現れた。

わたしは見るなり、この人の働きぶりを察することができた。見たところ若い（当時三七歳。当方五八歳）。しかし小柄な体を揺すって現れた姿は、一見して疲労困憊《こんぱい》しているのが明らかだった。大遅刻を難詰など、したくともできるはずがないと思った。事情がすぐさま察せられたからだ。ご同業の人士がここにいたと、わたしは思った。そこで、尋ねてみた。

「第一稿が、ほんとはベストだと（つまりその後に続く書き直しに次ぐ書き直しは、ほんとうは不本意だと）思ってませんか」

「もちろんです、第一稿は、いつでもベスト」と、間髪を容《い》れず答えが返ってきた。

スピーチ・ライティングとは、肉体的に、はもちろん、自尊心のコントロールにおいて多少苦しくとも、書き直しに耐える営みである。おのれを殺す仕事だ。

オレ様の原稿に指一本触れるな的なことを言いたがるビッグ・エゴの持ち主はもっての

ほかとして、修正の注文がくるたびいちいち渋面をつくるようでは、組織にきしみを生む。心の中では「第一稿こそベスト」と思っていても、表面上穏やかでい続けなくてはいけない。かく言いつつ、わたしも何度か（も）切れた。

肉体の疲労は、十中八九睡眠不足からくる。すなわちスピーチ・ライティングに必要な能力とは、睡眠を削って書き直しをし、刻限に間に合わせる力である（ホワイトハウスのジョブ要件定義に書いてあった通りだ）。

そんなだから、スピーチライターの適齢期は、ちょうどローズ氏くらい、四〇前後である。もっと若い人も少なくないけれど、世の中の動きに関して判断の目鼻がつき、文章力にも一定の成熟を得て、なおかつ自尊心にして大きすぎないとなると、その辺りが適齢期になる。安倍総理の国内向けスピーチや外遊先での内外記者会見冒頭発言など多くをこなした佐伯耕三秘書官が、ちょうどその年齢だった。

だからスピーチライターとはとりわけ米国において「まだ若い」人物が登用されて就く任務である。還暦過ぎのおじさんが名乗るには、実はミスマッチの肩書きだとは、本邦では誰も知らない。しかし事実だ。わたしはおそらく、世界一高齢のスピーチライターだった（世界一薄給だった「自信」もある。慶應義塾を本務先とし、毎日通ったとはいえ官邸勤務は「非常勤」の日給制だったから。がここは本旨にあらず）。

ところでスピーチを書くスタッフは職制上どこに位置すべきだろうか。良くない例から言うと、会社なら社長室か企画室辺りの係長クラスが、外務省なら、これは実例をいうのだが、総合外交政策局政策企画室長が書く場合。

最高首脳の思想、発想、真善美の尺度、それにパーソナル・ヒストリーに通じていない限り、その首脳を語りの主語とする文面は、自信をもって綴れない。

組織の階梯《かいてい》において、書き手の上に課長、部長、専務に本部長、それから社長、会長と大勢いるようでは、初稿がどんなに尖っていても上へ上へと原稿が上がり、決裁印が積み重なっていくうち、かならず角を丸められてしまう。するとそれを予《あらかじ》め見越し、初稿自体が当たり障《さわ》りのないものになっていく。日本的組織に特有のことではない。階梯秩序の厳しい組織では、どこでも起きる。

右の事情からして、スピーチライターにとって望ましいポジションは、社長（首相、大臣）から真っ直ぐ下に伸びる組織図上の幹《みき》に、横からつながる形といったらわかってもらえるだろうか。

トップに十分に近く、必要に応じたアクセスが確保できている。かといって、関係者が意見やコメントを言いにくくなるほど偉すぎはしない。このバランスを工夫して作り、書き手をそこに配置するのが肝心だ。

外交とスピーチ

スピーチ・ライティングにはその都度異なり、かつ毎回明快な、ある達成目標がある。本書では、個々のスピーチについて何を企図したか触れていくことにしよう。

スピーチとは虚空に向かって吠えるわざではない。いつも念頭に置き、意識する聴衆がいる。正面のオーディエンスこそ毎度変わるけれども、同盟相手との契《ちぎ》りを強め、国際世論というリングに立って敬意を集め、仲間を増やしてコンペティター（競争相手）におのれの力を見せつけたい、と、そういう意図は常に同じである。

外交スピーチとは、友と敵を強く意識する環境の中へ、言葉で切り込もうとするわざだ。すなわちワシントン、ニューヨーク、ロンドンやパリといったメディアの中心地とそこにいる人々をいつも念頭に置き、日本と安倍総理の「株価」を高めんとする。そのことを、北京やモスクワで聞き耳を立てる者たちによく聞かせ、見せつけようとする。

外交スピーチといえども、国内の聴衆は片時も忘れることができない。民主主義体制における外交は、国民の支持を必要とする。支持どころか、進んで帰依《きえ》さえ得られるなら、願ってもないことだ。

自分たちの代表である日本国総理大臣が外国の聴衆から割れんばかりの拍手喝采を受け、時として聴衆の血涙さえ絞ったと聞いて、悪い気がする人はよほどのへそ曲がりであろう。普通は、我が事のように嬉しく思うものである。そのようにして、外交スピーチは国内のオーディエンスを強く意識する。

女性の地位向上を目指す場合、外交スピーチでその必要を力説することは、第一に日本の首脳は掲げる政策において納得できると外国の聴衆に思わせ、第二に、その本気度を知りたがる国内のオーディエンスを首肯《しゅこう》させる意味合いがある。つまり外交スピーチとは実は外ばかりでなく内を向いて説くものでもある。

外国でよい反応が重なっていくと、総理の政府部内、党内、連立政権内など、国内における支持基盤がだんだん強固になる。そんな副次効果もある。

キャンベラでの高評価はロンドンに伝わり、ワシントンで話題にのぼる。一度、二度ならまだしも、それが数度に及んでいくと、「日本の総理大臣、なかなかやるわい」という評価が指導者間で徐々に広まる。これに国政選挙における累次の勝利が重なると、例えば

Ｇ７サミットで各国指導者が日本の首相を見る目が変わっていく。

と、そんな変化のプロセスをもたらすには、同義反復のようだが苦しい国内政治過程を乗り切って、一定期間を超え長く政権の座にいることが不可欠である。安倍晋三氏に起きたこととは、まさしくいま述べてきたようなことだった。ひとはこうして、世界政治におけるステーツマンになっていくのかと、わたしたちは瞠目《どうもく》しつつそのプロセスを見守った。

先ほど用いた喩《たと》えを再び持ち出すなら、このようにして最高指導者の株が上がるとき、日本は世界からおのずと注目を集め、国全体としての株価も上り調子となる。

ついでにいうと、わたしが総理のスピーチを書いているらしいと知った年金、プライベートエクイティ、マクロなどの海外ファンド関係者は、かなりの頻度で官邸のわたしの部屋を訪れた。彼らなりに、日本の資産にカネをつぎ込む場合のストーリー（ナラティブ）をつくりたかったのであろう。

わたしの職掌範囲に投資家向け広報などありはしなかったけれど、これも自分の仕事と思い定めたわたしは、ニューヨーク、シンガポール、ロンドンやトロントから来る彼らの面会要請をすべて受けた。安倍官邸では菅義偉《すがよしひで》官房長官が、朝、ザ・キャピトルホテル東急のレストラン「オリガミ」で朝食をとりがてら、時折海外投資家と会っているのを知っていた。

とまれ、聴衆として意識する範囲をどう考えるべきかについて、右に述べた事情は、いつどんなスピーチを総理がする場合でも、また原稿を書く者がどう替わっても、一般に妥当するといっていい。

第2章　「安倍外交」はこうして生まれた――価値の言葉と三つの成果

「安倍外交」とは何だったのか――。言わずもがなを言っておくと、安倍総理は、誰が政権に就こうが本来進めなくてはならない外交――日本を取り巻く周囲の条件からして当為必然の外交を、意識的に進めた。「日本外交」とはこうあるべきだという姿を集中して追い求めたその営みを指して「安倍外交」と呼ぶに過ぎず、本流から外れた、極めて属人性の強い外交がそこにあったと言うのではない。

まずは、日本外交の大前提となる地政学的環境からみていこう。

すぐ隣にロシア、北朝鮮、中国という非民主主義核保有国が、「惑星直列」さながら並んでいる、えらく物騒な住所にあるのが日本だ。加えて中国は、全人口の生殺与奪を中国共産党が握るいびつな体制のまま、経済力、軍事力で米国を凌駕《りょうが》しようと狙う。人類史に特筆すべき異様な変化が目の前で起きつつある。

日本の選択肢は限られる。力を増す中国へにじり寄って、酒席の喩《たと》えを用いるなら「お流れ頂戴」と行く（専門用語では「バンドワゴン」するという）。これがひとつ。

あるいは、自国の力を不断に強めると同時に、同盟国・準同盟国との関係なかんずく軍事関係を強化し、中国に対する抑止力を高めようとする（同じく「バランシング」という）。

安倍総理は後者以外にないと考えた。

日本が中国にバンドワゴンするとき、それは北京に拝跪《はいき》すること以外を意味しない。なにが悪いかとそれでも思う向きには、そのとき日本からは自由な言論空間が消失しているだろうことに思い及んでもらいたい。

例えば、の話、朝日新聞の経営トップ、ＴＢＳ社長、各省事務次官、東大、京大、慶應義塾や早稲田など高等教育機関の首脳陣は、北京の息がかかり、お眼鏡にかなった者になっていく。有力企業や金融機関でも同様だろう。日本が、あげて香港化する。

日本がそうなるころまでには、台湾も大陸中国に併呑《へいどん》されている公算が大きい。

中国の公式見解によると、尖閣諸島は台湾の付属島嶼《とうしょ》であるから、台湾を手中にした北京は日本に対し、東シナ海に領土領海紛争なしと宣したうえ、海上保安庁や海上自衛隊の艦船が尖閣周辺に二度と入り込めないよう守りを固めるだろう。

そんな状況下、仮にまだ日米安全保障条約が条文としては存続し、横須賀や佐世保に米海軍のフネが浮かんでいたのだとしても、使えない軍隊になっている。自衛隊またしかり。するとそのとき、日本の非武装化が事実として完成する。往昔《おうせき》、日本社会党や日本共産党が渇望した状態が、皮肉にも、中国の圧力によって現出する。

皇統のみはそのときにも安泰だと、だれが言えよう。北京の静かなキャンペーンは、もうすでに、悠仁さまへの継承を邪魔立てし、女系で何が悪いと言いたがる勢力の間に浸透していないとは限らない。

皇統が象徴しているのは、世界でも唯一日本にしかない、記憶の連続性、思い出の継続性という無形の資産である。万葉集の有名なうたは、現代を生きる高校生が十分理解する。すなわち右にいう無形資産は日本語に実体化し、有形資産として現存している。よい意味でのガラパゴス的特異性だ。

守るには、いまいう連続性、継続性が、この先相当長期間そのまま残ると国民に自信をもたせる必要がある。

自分が自分であることに自信をもてなくなると、ひとにおいてと同様、国家も漂流を始める。世論は中庸を見失い、左へ、右へ、分極化を続けよう。政治に混迷は常態となり、対外関係に立てるべき軸を見失う。

もしも日本外交が行く末に少しでも自由な場、のびのびと空気が吸え、おのれの意思を定めるのにおのれのみに頼ることができる空間＝自由な戦略空間を維持することを目指すのならば、進むべき方向はひとつしかない。

海に、出ることだ。海洋民主主義の国々と手を組み、世界秩序の編成に受身でなく能動的に臨む主体となることだ。なかんずく、同盟を結ぶ米国との軍事関係を強化し、ロシア、北朝鮮、中国、とくに中国への抑止力を不断に高めていくことである。

重要な基礎

こうした事情を背景に登場した安倍氏が残した成果には、変化する国際社会に日本を適合させていくうえで重要な基礎となったものが三点ある。

一が安全保障、二が国際経済秩序、そして三が日本の新たなアイデンティティづくりに関わる。

第一に、軍事的抑止力を強化した。

これは一義的に、日米同盟への再投資を意味した。後にみるように、安倍総理は米連邦議会上下両院合同会議における演説で、日米同盟を「希望の同盟」と呼んだ。

国会では、日米同盟に未来指向のベクトルを与えるため、いくつか重要法制を激しい反対のなか通した。その結果として、日本の存立それ自体が危機に瀕する場合、米軍と自衛隊が一体となって「集団的自衛権」を行使することが、初めて可能となった。

さらには自衛隊法に加わった九五条の二によって、米軍は恒常的に自衛隊の庇護《ひご》を期待できることとなり、現に米軍の艦船、航空機は、自衛隊の防護を常々受けている。

特定秘密保護法を、これも反対を押し切り成立させた。これで初めて、日本にもその名に値する「インテリジェンス・コミュニティ」の育つ土壌ができた。米、英、イスラエルなどの諜報当局と、保秘の必要な情報を交換できるようになった。

趨勢《すうせい》的に減る一方だった防衛予算を、第二次安倍政権は毎年増やした。

ＮＡＴＯ基準（沿岸警備隊予算と情報収集衛星関連の予算を軍事予算にカウントする）を当てはめるなら、わが国の防衛予算は二〇二二（令和四）年当初時点で対ＧＤＰ比一・二四パーセントに達した。今後一層増やすと岸田文雄総理も約束した。

第二に、自由で開放的な国際経済秩序の旗手となった。

安倍総理は第二次政権発足後間もない二〇一三年二月に訪米、オバマ大統領と会ったとき、いちはやくＴＰＰ（トランス・パシフィック・パートナーシップ）交渉参加の意向を伝えた。その年七月実施予定の参議院選挙まであえてリスクを取らないだろうとした内外の予測を裏切り、軽い驚きを生んだ。

本邦農業ロビーはここを潮時とみて、絶対反対の立場を捨て条件闘争に転化、結果として、農協の政治力や組織票を自らギブアップする。予想を超えた展開が生まれた。

ところが肝心の米国に政権交代が起き、ドナルド・トランプ新大統領は就任早々、ＴＰＰから離脱してしまう。

ここからが安倍総理が指導力を発揮したところで、豪州のマルコム・ターンブル首相（当時）らと協力し、米国抜きで、ただし再度心変わりし復帰を願った場合米国がすぐ入れるよう計らったうえで、一一カ国の協定「ＴＰＰイレブン」の発足に漕ぎ着けた。脇から見ていた欧州は、ＴＰＰの枠組みをいくらか修正するだけで、比較的簡単に対日ＥＰＡ（経済連携協定）をつくれることを悟る。

欧州連合（ＥＵ）と日本のＥＰＡは、その政治文書として日欧民主主義勢力の結合をうたった点でこれまた画期的だった「戦略的パートナーシップ協定（ＳＰＡ）」とともに、二〇一八年成立、一九年発効した。日ＥＵ・ＥＰＡ交渉の仕上げを手がけたのは、安倍総理のオルター・エゴ（分身）ともいえた今井尚哉《たかや》総理補佐官兼筆頭秘書官だったことは、知る人ぞ知る……。

　日本といえば市場の開放を嫌がり、攻められて渋々開いたとしても見えない非関税障壁を張りめぐらせたがる国という、長年つきまとったネガティブな対日観は、もはや微塵《みじん》もない。どころか、安倍総理は、米国が一時退場した後を埋め自由世界の開放的貿易秩序を守った旗手であるとの見方が、Ｇ７各国指導者をはじめ、西側リーダーたちのあいだに広がった。

　そして第三に、第一、第二の政策を推し進めた結果として、日本に新しいアイデンティティをもたらした。

　日本経済の浮揚を最も重要な課題とした安倍氏本人にとって、この点は格別の重みをもった。未来に対し積極的な世代を育てない限り、経済に成長は望めない。リスクを恐れず前を向こうとする自画像を、なんとかして若い世代にもたせたいと思っていたからである。たとえば日米の絆は、いよいよ太い。同盟は、ようやくにして、相身互い、守り守られという双務的関係を築いた。

　これを軸として、後に論じるが「ＱＵＡＤ（クアッド）」（日米豪印四カ国）の枠組みができ、豪州、インドが日本の準同盟国になった。流れを読んだ英国、フランスも、自ら求めて仲間入りしにきた。

ふと見ると、太平洋全域を覆うＴＰＰイレブンも、欧州全体とのＥＰＡも成立し、日本はその門戸をますます広く世界に開いている。

日本は世界に、少なくとも、嫌われていない。いやむしろ好かれているし、日本人自身、世界にいて堂々胸を張っていい。

――とそんな意識を、安倍総理はとりわけ若い日本人に植え付ける必要を感じていた。

思うに一つのクライマックスは、新元号に替わった令和元（二〇一九）年だった。

宮中に長く伝わる儀式に則《のっと》った天皇の代替わりは、先帝崩御を経た諒闇《りょうあん》明けのものでなかっただけに、明るさに満ち、訪れた各国元首の祝福とともに、ひととき多幸感を日本社会にみなぎらせた。

折柄《おりから》のラグビー・ワールドカップは、主として英連邦系諸国から長期滞在を好む富裕な観光客を集め、そのほとんどの人々は、日本に好印象を抱いて帰国したようだった。

世界に祝福されていることを若者に示す外交――。そんな外交も、確かにある。安倍外交は、そこを示してみせた。

以上に、①安保、②国際経済秩序、③アイデンティティの三項目について安倍外交と呼べる実質があったかみてきたけれど、いずれも、オフ・ザ・シェルフ、つまり棚から出来合いの品を取り、買い物カゴに入れるふうにして求めることのできたものではなかった。

新しく組み立てて、主張する必要があった。ないしは、いまあるものに大幅な変更をほどこし、打ち出さなくてはならなかった。

「価値の言葉」の必要

だから、「価値の言葉」を必要とした。なぜ、どこが、どう必要で、大切なのかを、実利を離れた高次の言語で言う必要があった。

安全保障を例にみてみよう。

日米同盟を土台にする一見リアリスト、実利主義の主張にしろ、徹底的に未来を向くベクトルをそこへ埋め込もうとすると、過去への拘泥《こうでい》——先の大戦以来根深い感情のもつれに、終止符を打っておく必要があった。

いかにしてピリオドを打つのか。むろん、安倍氏が日本国総理大臣として、自身の言葉で打つのである。

米国に対してはもとより、豪州を相手にする場合、そこはなお一層大切だった。過去の重みを重みとして認めつつ、過ぎ去ったチャプターを、きちんと閉じる。読み終えた分厚い本を、「ボン」と低い音とともに閉じるときのように。

それでこそ、日米の、あるいは日豪の、未来における協働を語れるようになる。必要なのは言葉だ。自分の、言葉だ。

安倍氏において、スピーチに向かう動機はおおよそそんなふうに形をなしていったというのが筆者の観察だ。

その際に基調をなしたのが、安倍政権以来日本政府が常々旗印として言う自由、民主主義、人権、法の支配という四つの価値の徳目である。

安倍晋三という宰相の登場を待って、日本は初めて、これらの価値について口籠もることをやめ、積極的に語るようになった。

価値を重んじる外交とは、前節に見た国益伸張を狙うリアリストの外交に比べどこか観念的、理想主義的に聞こえるだろうか。安倍氏において、ロジックは次のように立った。

① 日本は海洋民主主義勢力と結んでこそ安全、安定と繁栄をともに追求できる。

② 経済力が日本の国際的地位を自動的に保障した時代は過去のものとなった。

③　だとすれば日本には世界中から見える高い旗竿と、そこに翻《ひるがえ》らせるべき旗＝価値の旗が要る。

④　自分は何者かを語ってこそ、国内に向けては開放的なアイデンティティの獲得を促すことができ、外に向けては、仲間を集める「この指止まれ」のシグナリング効果を生む。

⑤　それこそが広義の安全保障の枠組みをなす。

⑥　だから必要なのは「価値の言葉」で外交を語ることである。

これが安倍スピーチの基軸となったのである。

「安倍以前」の日本外交

少し時計の針を戻す。安倍氏に先立つ日本の政治家は、保守革新を問わず、日本について自らなんらか良く言うことそれ自体を忌み、かつ嫌った。日本のことは、自己卑下しなくてはならない。それで初めて、学ある者としての資格証明が得られる、といったふうだった。またいつ近隣アジアを侵略しないとも知れないから、憲法九条を最も狭く解釈し、自衛隊も、潰しはしないにせよ、日陰者の立場に置いておくことこそ望ましい。

要するに日本人として生まれたからには、テレビやクルマを上手につくってそれを自慢するのはまだしも、自由だ、人権だなど、口にするのはおこがましい。うつむきながら生きていくのがちょうどいいのだと、それがある世代までの信条だったといって過言ではない。

よい証拠は、一九九一年四月二六日、日本が戦後初の、当時マスコミが言った「海外派兵」に踏み切った時の逸話だ。

湾岸戦争の停戦後、時の海部《かいふ》俊樹総理大臣は、海上自衛隊「ペルシャ湾掃海派遣部隊」を送ると決める。イラクが敷設した機雷の除去に、体を張って従事させるためだ。この日は午前九時前、気温一八度、晴れ、北風三メートルのなか、横須賀を二隻の掃海艇、一隻の補給艦が出た。午後三時には呉から掃海母艦と掃海艇各一隻、佐世保から掃海艇一隻が出航した。

まさしく歴史を画すミッションの船出であるから、自衛隊最高指揮官を兼ねる総理大臣たるもの、モーニングコートにシルクハットで見送りに出てよかったところだ（このいでたちは海自観艦式に総理・最高指揮官が着用するもの）。

しかし海部は拒み、横須賀には官房副長官を送って挨拶文を代読させた。防衛庁（当時）長官も、事務次官に代役を務めさせた。さすがに保守層から非難が起きる。すると海部はまだ間に合うとばかり、当日になって官房長官を急遽《きゅうきょ》広島に送り、呉での出航に間に合わせた。

弥《び》縫策《ほうさく》は、余計にみっともなかった。次にはもともと予定のあったフィリピン出張の日程を調整、掃海艇部隊が同国でマニラ近郊スービック軍港へ寄るのに合わせ、現地で立ち会うことにする。「それを念頭に置いて」いると、記者団に自ら語った海部はしかし、マニラ滞在中の五月四日、ホテルから部隊司令官に電話をしたのみ。

文字通りの右《う》顧《こ》左《さ》眄《べん》、自衛隊の最高指揮官らしいことを、海部は結局、何もしなかった。

そもそも横須賀での歓送行事に出席するのを拒んだのは、海上自衛隊音楽隊が「軍艦マーチ」を奏すると聞いて、それなら出ないとつむじを曲げたせいだと、筆者は事情を知る人から聞いた。「あの曲はやめろ」と総理がおかんむりだという話は、すぐ横須賀に伝わり、隣り合わせに基地をもつ米海軍第七艦隊を義憤に駆らせた。「日本の海自がやる軍艦マーチがダメというなら、ウチの楽隊が代わりに演奏しよう。それなら総理は来るのか」と、息巻いたという話もある。当日、軍艦マーチは確かに鳴った。総理は不在。海自音楽隊が奏したものであろう。

軍事と自衛隊に理解があった中曽根康弘（先の大戦終戦時に帝国海軍主計少佐、元首相）

は、一個人として横須賀へ出向き、出航を見送っている。

ところが四日後、四月三〇日に北京にあった中曽根は、中国外相・銭其琛《せんきしん》との会談で掃海艇派遣を話題にのぼす。理解を求めたのだというが、中国の「理解」などは元来無用だった。

「敏感な問題だ」、すなわち愉快ではないと示唆《しさ》する反応を先方から引き出し、かつそれを記者たちにしゃべったのであろう、やり取りは記事になった（朝日新聞同年五月一日付朝刊二面）。

次にはやはり自民党の大物、二階堂進（当時自民党前副総裁）が北京へ赴き、首相の李鵬と会って「中国国民の中に掃海艇派遣とその後の日本の動きを心配する声がある。憂慮を取り除くよう努力してほしいし、憲法改正の動きがあれば、ぜひ阻止してください」と言われて帰ってきている（同紙同年五月九日付朝刊二面）。

三〇年以上が経ったいま、政権をになう保守党・自由民主党の首相や元首相、その他大物政治家が、その成否がわが国の石油輸入にとっても死活問題といえたペルシャ湾機雷除去という事業——公共の善をなすものといってよい——を、できれば正視したくないものとして（海部）、中国にお伺いをたて、お叱りをいただいておくべきものとして（中曽根、二階堂）、理解していたことは明らかだ。

そうした態度を彼らに強いたのは、いわゆる世論が同様に解していたからである。出航前日の夜、横須賀では反対派がボートを仕立てて掃海艇に近づき、スライド映写機を用いて艇の側面に「掃海は軍事行動だ」なる文字を投射した小事件もあった。

が、実は中国の軍事力を怖いとも、なんとも思っていなかったゆえ、というのが真相、いかにも皮肉な真相であろう。

手元にあるわが国財務省主計局がつくった資料の一九九六年の数字によれば、同年、中国の公表ＧＤＰ、同国防費は、七兆元と八四四八億元。これは一元一七円のレートで換算すると、一一九兆円、一兆四四一六億円となるのに対し、同年、日本のＧＤＰと防衛関係費は、それぞれ五三九兆円、四兆八〇〇〇億円だった。日本は中国に比べ、どちらの数字でも、三～四倍の力を維持していた。

中国はまだ小さく、弱く、日本にとっての軍事的脅威になどならない。そう高をくくっていた。真剣にライバルだと思っていたなら、いちいちお伺いを立てになど行かない。どこかで下に見ていたのである。これは戦前・戦中世代のうち、中国や韓国に贖罪《しょくざい》意識をもった人に共通の、表と裏の二重心理だ。

中国に申し訳なさそうな面持ちをしていれば「良い人」であるとの自己愛にひたっていられた牧歌的な時代の面影は、いまやどこにもない。

安倍氏に引き戻すなら、海自掃海艇が総理、防衛庁長官いずれの見送りもないまま横須賀を出た一九九一年は、父、晋太郎を失った年、ようやく政界進出を考え始めた年に当たる。九三年に自民党議員として活動を始めた氏の前には、例えば福田康夫氏のような人がいた。この人は総理時代、日米同盟について説明に来た外務省員に向かって、「同盟の二文字はやはり必要か」と尋ねている。

二〇〇一年末から海自がインド洋に補給支援の船を送ったとき、野中広務はイージス艦を送るなと強硬だった。艦容が大きいから揺れが少なく、居住スペースも広い。しかし高性能のレーダーが「中国を捉えてしまうから」というのが反対の理由だった。

古賀誠氏、加藤紘一らも同様。中国を怒らせるな、日本は頭を低くしていけという説において頑《かたく》なで、安倍氏はまさにそれら旧世代に対し時に歯向かい、堂々論陣を張るというその点で、党内に頭角を現していく。

日本は黙っているべし、とくに中国にもの申すべき国にあらずとしたのが、安倍氏が抗った旧世代だ。こういう自国のイメージ、自画像に、安倍氏は日本人の自分自身に対する不信、自信のなさを見た。しかもそれら旧世代の人々は、中国に対しては、どこかで下に見てもいる。

そうした先行世代の発想にも振る舞いにも、我慢がならなかったであろう。けだし、安倍氏における言葉を求める情熱は、そんな時代背景においてこそより良く想像がつくものだ。

第3章　安倍総理との「初仕事」

まずは、安倍総理と手がけた「最初のスピーチ」を紹介しよう。

全国戦没者追悼式での総理大臣式辞

天皇皇后両陛下の御臨席を仰ぎ、戦没者の御遺族、各界代表多数の御列席を得て、全国戦没者追悼式を、ここに挙行致します。

祖国を思い、家族を案じつつ、戦場に倒れられた御霊《みたま》、戦禍に遭われ、あるいは戦後、遠い異郷に亡くなられた御霊の御前に、政府を代表し、式辞を申し述べます。

いとしい我が子や妻を思い、残していく父、母に幸多かれ、ふるさとの山河よ、緑なせと念じつつ、貴い命を捧げられた、あなた方の犠牲の上に、いま、私たちが享受する平和と、繁栄があります。そのことを、片時たりとも忘れません。

御霊を悼《いた》んで平安を祈り、感謝を捧げるに、言葉は無力なれば、いまは来し方を思い、しばし瞑目《めいもく》し、静かに頭《こうべ》を垂れたいと思います。

戦後わが国は、自由、民主主義を尊び、ひたすらに平和の道を邁進《まいしん》してまいりました。

今日よりも明日、世界をより良い場に変えるため、戦後間もない頃から、各国・各地域に、支援の手を差し伸べてまいりました。

内にあっては、経済社会の変化、天変地異がもたらした危機を、幾たびか、互いに助け合い、乗り越えて、今日に至りました。

私たちは、歴史に対して謙虚に向き合い、学ぶべき教訓を深く胸に刻みつつ、希望に満ちた、国の未来を切り拓《ひら》いてまいります。世界の恒久平和に、能《あた》うる限り貢献し、万人が、心豊かに暮らせる世を実現するよう、全力を尽くしてまいります。

終わりにいま一度、戦没者の御霊に平安を、ご遺族の皆様には、ご健勝をお祈りし、式辞といたします。

平成二五年八月一五日　内閣総理大臣　安倍晋三

「最初のスピーチ」とわざわざカッコに入れたのには理由がある。

二〇一二年一二月二六日、政権に復帰した安倍氏にその日のうち自民党本部に呼ばれ、スピーチを頼むと言われた。

上気した様子の総理に、「もちろんです」と言ったか、「ありがとうございます」と頭を下げたか、忘れた。

そのときは、政権がまさか八年ちかく続くことになろうとは安倍氏を含め誰一人予想だにしていなかったから、確か、「心中するつもりで最後までついていきます」みたいなことを言った（どれだけ短命になると踏んでいたのかと、あとでわれながら赤面した）。

最初の一年、さらには翌二〇一三年一二月二六日に安倍総理が電撃的に靖国神社参拝を果たし、政権が国際世論の猛烈な逆風にさらされてからの二年ちかくは、総理も周りの者も、緊張に緊張を続けた日々だった。

理由の一斑に、少しでも政権を長命にしたいと、みなが強く念じていた事情がある。成し遂げたいと思っていたことがたくさんあり、それには腰を据えた対応が必要だったからだ。

そんなやや気持ちの急《せ》く中で、筆者に初めて回ってきた仕事は、二〇一三年一月一八日、インドネシア・ジャカルタで実施する予定だった演説だ（「予定だった」という経緯については、エピソード01で説明する）。

続いて、同年の世界経済フォーラム年次総会、俗称ダボス会議に送るビデオメッセージをつくった。

ダボス会議は、毎年一月末、スイスのアルペン・リゾート地ダボスに各国政財官の巨頭はじめ無《む》慮《りょ》数千人を集めて開き、世界の政治経済をあれこれ論じさせ、当年の論調、論題をセットし、あるいは共有する場である。

グローバルな世論形成に与える影響は、小さくない。第二次政権を通じ、安倍総理は二度、同会議に主賓として出席し、それぞれ基調講演を英語ですることになるけれど、このときはメッセージを収録したビデオを送るだけにした。

ただし安倍総理はこれを、英語で読んだ。そうすることがふさわしく、効果が上がると思える場合はどしどし英語でやるという、その後に続く安倍氏における作風の、これが始まりだ。

そのための一助にと、当時、筆者が吹き込み安倍氏に渡した音源を聞き直してみた。ゆっくり発音すべきところ、強弱をもっと強調すべきところなどがいろいろ気になり、いまでは聞くに堪えない。

ＹｏｕＴｕｂｅには、このとき安倍総理が話した動画が残っているから見て確かめることができるけれど、ベストパフォーマンスに至っていないのを見るのがつらい。

すぐ次に、政権の外交をスタート時点で決定づけることとなる重要演説がきた。二〇一三年二月、政権復帰後初の訪米に際し、首都ワシントンの有力シンクタンクＣＳＩＳ（戦略国際問題研究所）で、これもまた英語で実施したスピーチ「Ｊａｐａｎ ｉｓ Ｂａｃｋ（日本は戻ってきました）」だ。

というように、筆者としては二〇一三年二月にフルタイム公務員の内閣審議官となり、総理官邸四階に個室と秘書、渋谷区神宮前に官舎をもらって働き始めると、すぐさまかなりの頻度でアサインメント（課題）をこなした実感があった。

総理の記憶では……

つまり、本章の冒頭に掲げた平成二五（二〇一三）年八月の全国戦没者追悼式式辞は、厳密には、わたしの初仕事ではないのである。

ところが安倍総理は、第二次政権を終えた後、『外交』誌の二〇二一年五・六月号で田中明彦氏（当時政策研究大学院大学学長、のち国際協力機構〔ＪＩＣＡ〕理事長）のインタビューに答え、次のように語っている。

「〔谷口と一緒に手がけた〕第二次政権での最初のスピーチは、実は八月一五日の全国戦没者追悼式での総理大臣式辞でした」

えぇっ？　とわたしは驚き、訝《いぶか》った。その前に、あれも、これも、やっているんですけど……。

続く安倍総理の発言を読むと、どうやら右の「式辞」づくりに際し安倍氏が託した思いは筆者などが思った以上に強かったうえ、成果に対しても、面目を施したと思うところがあったようだ。

そのあまり、いつしかこれが、谷口と仕上げた最初の作だと思ったのかもしれない。いまひとつの解釈として、谷口を相手に直接、一対一でやり取りをし、プロセスに深く関わった作としてはこれが最初だったという意味か。

インドネシアやＣＳＩＳでのスピーチにも、安倍総理は全面的に関与し、自分の意見を筆者に伝え、しかるべき修正をさせたのだったが、思い入れの強さは、やはり違ったのかもしれない。

ともあれ安倍総理のインタビューは次のように続く。

「この式辞は、内容そのものよりも、式辞で使われる言葉遣いが過去と比較してどう変わったか、といったことにばかり注目が集まっていました。しかし私は、あの場は戦没者追悼という趣旨に鑑《かんが》みても、英霊に対して言葉を発するべきであり、そこに場違いな反省など不要であると考えていました。

それを谷口さんに伝え、案を練り始めたのですが、そうすると全体の構成もこれまでとは大きく変えねばなりません。そこで思い切って、詩的な表現を入れながら、これまでにない式辞を読み上げました」（改行は筆者が加えた）

誰に向けた言葉なのか

英霊――祖国のため戦いに斃《たお》れた御霊に祈りを捧げる場なのに、それ以前の総理大臣は、追悼式典の場を、近隣諸国に迷惑をかけたと加害責任を言い、反省してみせるために使っていた。

例えば安倍氏の前任、野田佳彦総理は二〇一二年八月一五日、「先の大戦では、多くの国々、とりわけアジア諸国の人々に対し、多大の損害と苦痛を与えました。深く反省し、犠牲となられた方々とそのご遺族に、謹んで哀悼の意を表します」と、言っている。

孤絶した島々で弾薬糧食ともに尽き、戦闘によって、でなく、飢餓で絶命した兵隊たち。ビルマ（現ミャンマー）の熱帯雨林で、軽微な傷が化膿し動けなくなって、そのままうち置かれて死んだ兵隊たち。

そんな人々に向かって、加害責任を口にするのはとんでもないお門違いだ。日本の戦争行為が幾多の国、場所で、無辜《むこ》の民にはなはだしい苦痛を与えたことは事実に違いない。

けれどもそれを英霊に向かって述べ、「深く反省」云々と言ってみせると、おかしなことになる。

発話者（式辞を読む総理大臣）が目の前に相対しているのは、戦没者の御霊である。一方、「深い反省」を届けたい対象は、中国やフィリピン、シンガポールだ。

してみると、「反省」なる言葉は、一度英霊に吸い込まれ、そこからアジアの要所に届く仕掛けになっていなければ意味をなさない。

遠い過去、外国《とつくに》に斃れた御霊の、メッセンジャーとしての再活用、当世政治目的に資す使い回しでなくて、なんであろうか。

英霊に慰藉《いしゃ》と感謝を捧げるものとして式辞を純化したいと安倍総理が言うとき、まさに右にみたように考えているからだということは、お伺いを立てるまでもなく、即座に見当がついた。

結局、できた平成二五（二〇一三）年八月一五日における全国戦没者追悼式での安倍総理大臣式辞は、冒頭のようなものとなったのである。

お読みいただければわかる通り、できあがったものが、安倍総理が言うように「詩的」だったかはともかく、総理が生者としての日本国民を背にそこに立ち、死者の御霊に相対しているという構図を、はっきりさせている。

亡くなった一人、ひとりを意識し、あえて「あなた方」と呼びかけた。戦没者の犠牲のうえに、自分たちがあることを、いま「あなた方」と呼びかけた相手に対し「片時たりとも忘れない」と誓っている。

続いて、その後一貫して安倍総理における過去への接し方となる次の叙述が来る。

「御霊を悼んで平安を祈り、感謝を捧げるに、言葉は無力なれば、いまは来し方を思い、しばし瞑目し、静かに頭を垂れたいと思います」

当面の政治目的に資する、安手の言葉を拒む。遠い世の、いまは想像をめぐらせるしかない人々を偲《しの》ぶには、静かに目を閉じることであり、こうべを垂れることだと言う。

過去は改変できない。現代人の都合に合うよう曲げることもできない。できると思うことと自体が過去と先人の生への冒瀆《ぼうとく》であり、思い上がった行為なんだと、安倍氏は一度筆者に向かって、そう明言したことがある。

過去とは、おびただしい人々の、生と死の積み重なったもので、当世風のセリフなどで歯が立つなにものかではない。過去についてそんなふうに思い、まずは畏敬の念をもとうとする心の働きこそは、保守主義の精髄をなすものだろう。

すなわち安倍氏における信念体系が保守主義のそれだったことを、氏の過去への接し方はよく示しているのである。

思いの違いは語彙にあらわれる

そのようにしてできた安倍総理の追悼式辞は、前年野田氏が読んだものとどう違っていたか。

この種の比較（テキストマイニング）をなすことは、最近では著《いちじる》しく容易になった。両者のテクストをしかるべきウェブサイトにアップロードすると、数秒と経たずに、一方に頻出する語、他方にしか出ない語などを分類し、表示してくれるのである。

安倍総理のものには「いとしい」「貴い」など形容詞がいくつか出てくるのに対し、野田氏の版に形容詞はほとんど出てこない。

「捧げる」「垂れる」「悼む」「念じる」のように主観的行為を示す動詞も、安倍式辞にしか出てこない。

他方、野田式辞には、「アジア諸国」「反省」「国際平和」など名詞が多い。当世当面の政策を語ろうとすると、項目列挙が必要となって、いきおい名詞が増える。そのせいだろうと思える。

式辞作成にまつわる実際の作業は、警察庁出身の総理秘書官だった大石吉彦さんとの仕事になった。官邸の慣習に通じていなかったわたしは、なるほどと思い、教えられるところがあった。

式典は、天皇皇后両陛下のご臨席を仰ぐ。また、日本遺族会との関係に良好を期さないと、執り行えない。総理との関係でこうした所掌事務を担うのは、戦前における内務省の衣鉢《いはつ》を継ぐ警察であり、そこから来た大石さんになるという事情があった。

総理が動くところ、必ず警備が必要になる。

総理の日程と細部にわたる動線をいち早く知る立場にあるのが大石秘書官だったが、温顔とはこの人のためにある言葉であって、声を荒げるところなど誰も見たことがなかった。

警察出身の秘書官が始終眉間《みけん》に皺《しわ》など寄せているようでは、周りを変に怖がらせかねない。さすが、よくできた人を送ってくるものだと妙な感心をした。

安倍総理は、そんな大石氏を先に警察庁へ戻し、警備局長にした。氏は、平成から令和への代替わりに伴うもろもろの警備を破綻なくこなし、延期開催となった東京五輪、パラリンピックも、みごとなまで何事もなく乗り切る指揮をしたのち、第九七代警視総監になった。

だというのに、警察は安倍総理を守れなかった。久しぶりに葬儀で再会した大石さんは伏し目がちで、悔恨の深さが傍目《はため》にも察せられた。

エピソード01　読まれずに終わったインドネシア演説

第3章で、第二次安倍政権発足とともに外交政策スピーチを担当するようになって初めてつくったのが、インドネシアの首都ジャカルタで安倍総理が読み上げる予定だったものであると書いた。

このときの外遊は、平成二五（二〇一三）年一月一六日からの三日間。ベトナムを皮切りにタイへ回り、インドネシアを最後の訪問地とするもので、ジャカルタでは長いスピーチを述べる予定にしていた。

政権発足後、わずか二一日目にして羽田を発った旅である。わたしはこのとき、まだ内閣審議官として採用になっていない。

してみると、まったくのボランティアとして原稿作りを引き受けたことになる。

——と記して、思い出した。

出発を二日後に控えた一月一四日のことである。この日は、東京都心に八センチメートルの積雪があって交通機関が大いに乱れた。「いままだ小田急線だ」と今井尚哉秘書官に電話で伝えると、「そんなんじゃ間に合いませんよ」とドスのきいた声で言われた。地下鉄を降り転びそうになりつつ官邸へと急ぐ道すがら、何か割に合わない気がしたものだ。

総理外遊前の「勉強会」には、同行する秘書官全員に加え、外務省からは次官、外務審議官、また担当部局の局長ほか大勢が入る。訪問先と交渉案件がある場合、財務省や経産省、国交省など、所要の官庁からも財務官や審議官以下、幹部が入る。

ともあれ、ここだと指定された旧官邸の、どこか暗い会議室に着いたわたしは、テーブルの向こうに座る総理のため、持ち込んだノートパソコンの画面を見せた。

スピーチの草稿をお見せするより前に、一本の動画を見ていただきたかった。インドネシア人の若者からなる日本語演劇集団「ｅｎ塾」が歌い上げたある合唱の動画だ。

安倍総理を「泣かせた」歌

以下に、その内容について、ｅｎ塾の公演パンフレットのために筆者が寄稿した原稿を再掲する。題して、「安倍総理を『泣かせた』歌」。

東日本大震災に見舞われた日本には、世界のほうぼう、思いもかけない遠方から激励の声が届き、そのひとつひとつに励まされたものでした。

重みや有難さに軽重などつけられないとはいえ、ネット上で偶然ｅｎ塾の動画、「桜よ」に接した時の衝撃は、忘れようにも忘れることができません。

二〇一三年の一月ごろ、ゆえあって、インドネシアと日本を結ぶ友情について何か「良い話」を探していたときのことでした。

インターネットの空間に、ｅｎ塾のプログラムか何か、掲げられたままになっているのに出くわしました。読んでいくと、津波に打ちひしがれる「大好きな日本」のため、学生たちがジャカルタ日本人学校の体育館に集い、歌を歌ったのだと書いてあります。

そこに動画へのリンクが既にあったか、どうにかしてほかで探したかは、忘れてしまいました。

ともかく私は、インドネシアには日本語を学んでミュージカルにする若者たちがいること、彼ら学生たちは震災後まだ日の経たないうち、何百人という数で大合唱をしていたこと、――そのいずれにも驚嘆しました。

かつそのときまで、なにひとつ知らずに来たことへの自責と驚きが加わり、混乱を倍加させた心的状態で、「桜よ」の動画を再生したのです。

自宅の、狭い仕事部屋、深更はとうに過ぎ、午前二時、あるいは三時ごろだったと記憶します。

いかにも手作りといったふうの、画質、音質ともけして良いとはいえない動画が再生し始めた歌は、曲想のやさしさ、独唱者の声がもつ親しみやすさで、第一小節から一気に引き込ませました。

やがて合唱パートに入ると、カメラは、人種、宗教が明らかにさまざまの若者たちが、それでもひとしく高揚した表情を見せ、正確な日本語の発音を刻むのをひとり、ひとり追っていきます。

耳を澄ませると、こんなことを歌っている。

——「何かを　失う寂しさ　あきらめる　悲しさ」／「でも春は　来る　来年もその先も　ずっと先も」。

言葉の力が、聞く私の全身をおもむろに震わせかかったその刹那、曲はとうとう、サビに入ったのです。

「桜よ、咲き誇れ、日本の真ん中で、咲き誇れ」／「日本よ、咲き誇れ、世界の真ん中で、咲き誇れ」

最後の「れ」はスラーで一気に上がり、うんと伸びる、もうそのとき、私の両目からは、涙が溢《あふ》れ出ていました。いや、噴出していました。ついには忍び声での嗚《お》咽《えつ》が止まらず、寝静まった家人を驚かせて起こすまいと、苦労せざるを得ませんでした。

＊＊＊

振り返るに、ここにはいくつもの、奇跡といわないまでも、僥倖《ぎょうこう》としかいいようのない糸の縒《よ》り合わさった結果があります。

あとで知ったことを頼りに再構成すると、甲斐《かい》切《きり》清子《すがこ》さんが、厳しい母性とともに育て上げてきた集団と、師弟愛があった。

甲斐切さんが紡《つむ》ぐ、美しい日本語と、盛り込まれた意味を完璧に咀嚼する学生たちの理解力があった。そして作曲者――劇団音楽監督を兼ねていた青年がつけた旋律の、えもいわれぬ優しさがあった。

そのすべての結実が、あたかも野辺に埋もれた宝石として、多くの人に聞かれるのを待っていたのです。

総理は、そして同席していた菅官房長官も、パソコンの画面から流れ出た「桜よ」の合唱に見入り、終わると小さな溜息をついた。感動の溜息である。

その後にお見せした、そして安倍総理がインドネシアで行うはずだったスピーチの草稿には、次のような一節があった。

わたくしは彼らの合唱を見、声を聞きました。そして、深く、感動しました。いまから一分二〇秒だけお見せします。どうかご一緒にご覧ください。

ご列席のみなさま、この歌を作曲した青年がいます。ＪＣＣ、ジャカルタ・コミュニケーション・クラブで、広報を担当している、ファドリ君です。

そして、ＪＣＣを創立し、エン塾の指導に努めてこられた先生、甲斐切清子さんです。

ファドリ君、ありがとう。やさしいインドネシアのみなさん。みなさんと日本人は、みなさんが好きだという日本の歌、五輪真弓の歌がいう、「心の友」です。

そのことを〔中略〕、**ファドリ君たちが改めて教えてくれました。**

予定では、総理は会場に甲斐切さんらを迎え、演説の途中でその名を挙げて自ら感謝を述べることになっていた。

米国で大統領が連邦議会へ行き、年次教書演説を読むとき、いつも用いる手法である。演説に立体的な聴視覚効果を与えるとともに、聴衆を巻き込んで感動を広げるにはよい方法だ。

具体的には、こんなふう。

――もしも歌が本当に流れていたら、会場はたったいま見た映像に、息を呑んでいただろう。総理に名前を挙げられた甲斐切さんは、嬉しさに目をうるませたかもしれない。その瞬間、会場を包む割れんばかりの拍手。

スピーチは感動を生み、それを波動にして、アンプリファイ（増幅）する力を持ち得る。スピーチがスピーチとして、その力を思うさま発揮できたかもしれない機会だった。

しかし、このスピーチが陽《ひ》の目を見ることはなかった。

総理一行が日本を出発した二〇一三年一月一六日、日本のプラント・エンジニアリング大手、日揮が関わるアルジェリアの天然ガス精製プラントがテロリストの襲撃に遭い、多数の関係者が人質になる。その中には、日本人が一〇人いた。

その一〇人全員が、命を奪われる非道の結末を迎える。事態が深刻の度を増すなか、総理一行が予定を早めて帰国することとしたのは当然の対応だった。悪いことは重なるもので、スピーチ実施予定だった一八日、インドネシアの首都ジャカルタは歴史的大洪水。交通はほぼ麻痺状態だったから、会場への集客は望み薄ともなっていた。

官邸ウェブページに全文掲載

けれどもまことに異例なことに、その後、外務省と官邸のウェブページに、あたかも実際に読み上げられたかのように、テクスト全文がそっくり掲載されたのである。

何故なのかは、聞いていない。しかし、わたしなりに事情を推測すると、以下のような理由が思いつく。

日本の対ＡＳＥＡＮ外交を語る際にいつも話題となる「福田ドクトリン」なるものがある。その説明は本稿の守備範囲を超えるけれども、このとき、安倍総理が準備していた新たなインドネシア・スピーチは、新時代の現実を受け福田赳夫《たけお》政権の主張を上書きし、更新することを狙っていた。第一に、普遍的価値の称揚、第二に海における法の支配の徹底など、安倍外交の基調となる路線を述べたスピーチは、内容面でなるほど捨てるに忍び難い意義をもっていた。

しかし実施しもしなかった演説文を公表するには、ほかにもワケがあった。総理と官房長官が見て目を潤ませた、くだんの動画の与えた感動が、そうさせたのだと想像する。なかったことにしてしまうのは、惜しいではないか、と。

そう考えるのも、次のような後日談があるからだ。前掲の、「安倍総理を『泣かせた』歌」はこう続く。

〔ｅｎ塾の〕歌は、安倍晋三総理を感激させます。

自分自身の健康、自信の回復と、震災に加え打ち続いたデフレからの復興や、日本の行く末とを重ね合わせ、困難は必ず乗り越えられる。道の真ん中を歩んでいけば乗り越えられると思い、かつ自らに言い聞かせてきたに違いない安倍晋三という人にとって、これはまことに、誂《あつら》えたかのように、ぴたりとはまる歌だったのです。

歌は自民党・党大会でも——もちろん甲斐切さんの許しのもと、安倍総裁演説の途中で流されました。後、甲斐切さんたちに対し、安倍氏はこう話しかけます。

「『桜よ、咲き誇れ。日本の真ん中で咲き誇れ。日本よ、咲き誇れ。世界の真ん中で咲き誇れ』。この歌詞のところで、多くの〔党大会〕参加者の皆さんが涙を流されたんですね。自民党総裁のスピーチで涙を流した人が出たというのは、初めてのことではないか」。

　これを安倍氏が語ったのは、二〇一四年四月一六日、総理官邸を訪れたｅｎ塾代表と甲斐切さんに対してでした。

　こんな言葉を受け、歌はインドネシアの若者たちによって、日本のまさしくど真ん中、総理官邸のただ中で再び歌い上げられ、詞とメロディーのもつ力は、いまいちど、総理を含め、居並ぶ人々の涙腺をもろくさせたのでした。

＊　＊　＊

「桜よ」の歌は、わたしたち日本人の歩みが、善意の泉をとつ国の随所にはぐくんできたことを偲ばせ、わたしたちを深い感謝と、達成に対する喜びで包んでくれます。

　とともに、居ずまいを正してくれる力を秘めています。こんな歌を歌ってくれる若者がいる以上、期待に応《こた》えられる国、国民でありたいと、誰しもが思わずにいられないからです。

　このたびの日本公演で、歌が歌われるなら、それは必ずや、新たな感動の渦を巻き起こしていくことでしょう。

> 歌は日本への応援歌ですが、明日へと一歩を踏み出すすべての人に向けた励ましの歌にもなっています。いつかそう遠くないうち、人生の節目や、門出に、必ず歌われるスタンダード・ナンバーとなってくれないだろうか。――「発見者」を自称する私の、それがひそかな願いです。

インドネシア訪問の翌年、安倍総理は自民党の党大会でも、この合唱を流し、ｅｎ塾代表と甲斐切さんを官邸に招いて、感謝の意を伝えたのである。

インドネシアにおける日本の信用は、揺るぎがない。二〇二一年に実施された最新世論調査が尋ねた「あなたの国にとって、今後大切なパートナー国はどこか」との問いに、中国と答えたのは四八パーセント。米国と答えたのはやや低く四五パーセント、日本だと応じたのは、依然として首位、五三パーセントにのぼっている。「幻のインドネシア演説」に出てきた五輪真弓の歌「心の友」とは、誇張ではない、インドネシアで一人として知らない人のいない歌である。

「桜よ」の動画は、「ｅｎ塾」、「桜よ」をキーワードに検索すると、当時のまま見ることができる。

第4章　ホロコーストの記憶の前で

安倍総理は平成二七（二〇一五）年一月一八～二〇日、イスラエルを訪問し、イェルサレムのヤド・ヴァシェムを訪れた。

旧約聖書イザヤ書第五六章五節に曰《いわ》く、「我《われ》わが家《いへ》のうちにてわが垣のうちにて子《むすこ》にも女《むすめ》にもまさる記念のしるしと名とをあたへ　竝《また》とこしへの名をたまふて絶ゆることなからしめん」（日本聖書協会『舊新約聖書』）。右にいう「記念のしるしと名」を、ヘブライ語で「ヤド・ヴァシェム」という。イスラエルが一九五三年立法措置を講じてつくった建造物のことで、イェルサレムの小高い丘に立つ。

別名は「世界ホロコースト・リメンブランス（記憶）・センター」。その名のとおり、ホロコーストを記録し記憶して、慰霊と啓蒙を尽くすことを目的とする。けれども施設の最も重要な意義とは、ホロコーストの犠牲となった無慮六〇〇万の魂に永遠の安息を与えることで、そのためヤド・ヴァシェムには「記憶のホール」という名の空間があり、中心に「永劫《えいごう》の火」が燃えている。

　外国から要人が訪れる場合、ここで花を捧げるとともに、短い言葉を発するのが一種の慣《なら》わしとなっている。

　安倍総理は一月一九日、注意して選んだのであろう、黒ずくめの衣装で佇立《ちょりつ》する昭恵夫人を側に、献花のあとで、以下のステートメントを述べた。

> **ユダヤの人々がくぐった苦難を、全人類の遺産として残そうとする皆様の努力に、心からの敬意を抱きます。深い悲しみを乗り越え、イスラエルの建国に尽くした先人たちを前に厳《おごそ》かな気持ちになりました。**
>
> **特定の民族を差別し、憎悪の対象とすることが、人間をどれほど残酷なものにしてしまうのかを、学ぶことができました。昨年三月、アムステルダムにアンネ・フランクの家を訪ねましたが、本日は、決意を新たにいたしました。**
>
> **ハショア・レオラム・ロー・オッド（ホロコーストを、二度と繰り返してはならぬ）。**
>
> **私たちの先人には、チウネ・スギハラがいます。彼のビザで日本に向かったユダヤ難民**

を助けた人々も、少なからずいました。彼らの勇気に、私たちは倣《なら》いたいと思います。ヤド・ヴァシェムに灯る「永劫の火」を導きのともしびとして、差別と戦争のない世界、人権の守られる世界の実現に向け、働き続けなければなりません。日本としても、世界の平和と安定に、より積極的に貢献する決意です。

先の大戦終結から七〇年、そして、アウシュビッツ解放以来七〇年でもある本年、このような悲劇を二度と繰り返させない、との決意を表明します。

トダ・ラバー（ありがとうございました）。

――読むのに二分あれば間に合うこんな短いステートメントは、しかし、予想を超えた反響を呼んだ。

二日後の二一日、米サイモン・ウィーゼンタール・センターは「日本の首相のイスラエル訪問、ホロコースト・メモリアルでのスピーチを称える」と題したプレスリリースを出して、同センターの指導者エイブラハム・クーパー師《ラバイ》による次の発言を伝えた。

「実に意義深い訪問だった。第一に、イスラエルと日本の二国間関係を強化したという意味でよかった。中東地域を不安や混乱が覆っている時であるだけに、よけいだ。

それから首相はイェルサレムのヤド・ヴァシェム・ホロコースト・メモリアルを訪れたが、このことに世界中のユダヤ人が心から感謝している。そして、連帯を示す行為だと見た。ヨーロッパのユダヤ人がいまだかつてなかった反ユダヤ主義の暴力と脅威にさらされているときだけに、なおさらだ。

最後に、彼の重要なスピーチを賞賛したい。ナチスによるホロコーストから得られる教訓を引き、七〇年後のいま、あのような残虐行為は決して許されないと述べたものだ」


ほとんど間髪を容れないといってよい早さで、こんな両手を挙げての支持と賞賛が来たことに、筆者は少なからず驚いた。

サイモン・ウィーゼンタール・センターは、米国に本拠を置いてユダヤ人の権利を保護し伸張する団体だ。ホロコースト否定論や、ユダヤ人迫害の議論、あるいはナチスやヒトラー賛美の主張が出ないか、世界各国の論調に目を配り、必要とあれば強い抗議をすることで知られる。

敵にすると恐ろしい相手は、味方にしておくに如《し》くはない。漠然とそう考えた筆者らには、おおよそ次のような判断があった。

この際狙いたいところは、主として米国の、ユダヤ人コミュニティに、安倍政権と日本に対する支持、支援をしてもらうことである。例えばＡＩＰＡＣ（アメリカ・イスラエル公共問題委員会）は、民主、共和の党派を超えて、米国政界で指折りの影響力をもつロビイング団体だ。そんな組織の支持なら、得たほうがいいに決まっている。

日本の印象を、ひたすらに悪くしたがる勢力はごく少ない。韓国の一部、それに中国共産党のプロパガンダ・マシーンだが、米国とカナダで野合し、時として北京の意向に沿った反日宣伝をする。材料は、いわゆる慰安婦問題など、戦時下の日本の行状である。カリフォルニア州グレンデールという小都市には「慰安婦像」が立ってしまった。二〇一三年のことだが、同市が米国でも最大のアルメニア人コミュニティを擁することは暗示的だった。伝統的に被迫害者としての意識をもつ集団にもちかけ、反日戦線を築く可能性が、このとき見えたからである。

しかし一方、ユダヤ人コミュニティがホロコーストに対し抱く繊細な意識に、よく注意を向ける必要があった。人類史に特筆すべき残虐非道をくぐったユダヤ人には、ホロコーストという言葉に対し、安易に使ってくれるなとする一種のオーナーシップの感情がある。

ユダヤ人におけるこの種繊細な当事者意識は、彼らが経てきた歴史の過酷さからして至当である。ならば、安倍総理は別段わざとらしい演技をしたり、打算的な振る舞いに出たりする必要などない。

まずは、ユダヤ人が忍んだ過去に目を向け、思うところを素直に述べることこそ、右に見た反日共同戦線構築を目指すロジックが転がり始めるのを抑止する一歩になるのではあるまいか。

反日VS反中・反韓の高まり

ヤド・ヴァシェムの安倍発言に戻る。

「特定の民族を差別し、憎悪の対象とすることが、人間をどれほど残酷なものにしてしまうのかを、学ぶことができました」としたところが、本ステートメントのエッセンスである。

「安倍は自分たちのことを言った」とドイツ人が思ったとすると、委細勝手であるが、安倍総理はかつてのナチス・ドイツをいまさら当てこすろうとしたのではない。

「特定の民族を憎悪の対象にし」、つまりカテゴリカルに憎しみの対象としているのは、例えば、中国と韓国の反日勢力である。

また一方では、彼らに呼応するかのように、影響力において小さいとはいえ日本の一部に盛り上がりつつあった反韓、反中を唱える人々である。

そのどちらに対しても、安倍総理は倫理的高みに立とうとした。

時は、二〇一五年の一月。戦後七〇周年に当たる年が明けたばかりという時期だ。

安倍氏を、超国家主義者である、反動右翼であって、歴史の書き換えを図っては日本の時計を戦前に戻そうとする人間であるとして難じる声は、依然ロンドン、ワシントン、ニューヨークやトロントに根強く存在した。

安倍総理は一刻も早く、これら故《ゆえ》ない難詰を抑止するか、なんとか中和しておく必要があった。

夏になると、自ら最終版となることを意図した「戦後七〇年談話」を出し、若い世代が往時の戦争についていつまでも頭を下げねばならない状態に終止符を打つつもりだった。

が、安倍氏の発言を受け入れる好意的土壌が広がっていなくては、空振りに終わりかねない。

そんな危機意識が、敵対的ナショナリズム一般を排す言葉に、それも、全体の尺を長くできないから、短く凝縮した言葉に転化した。「特定の民族」云々という右に引用した部分はそれだ。

杉原千畝と無名の日本人たち

次いで、気づいてくれる人の多いことを願って工夫したのが、杉原千畝への言及に続く一節――「〔杉原の〕ビザで日本に向かったユダヤ難民を助けた人々も、少なからずいました。彼らの勇気に、私たちは倣いたい」としたところだ。これはもっぱら、筆者のよく知る北出明氏の業績に負ったところ。

ヤド・ヴァシェムでは、ユダヤ人を非命から救った「諸国のうちなる義人（The Righteous Among the Nations）」について調べ、顕彰もしている。第二次世界大戦中、リトアニアの日本領事館で日本経由第三国行きの通過ビザを惜しみなく出した外交官・杉原千畝は、そうして顕彰された一人だ。

杉原は確かに、大量の査証《ビザ》を発給した。が、通行手形に当たるその書類を見て、ウラジオストクから敦賀行きの船へ黙って乗せてくれた人がいなくてはならなかった。

船上では、米国ユダヤ人団体から届いた浄財を、私《わたくし》しようとなどせず、そのままユダヤ難民に等しく配った人がいた。――といったような驚くべき、しかし知らされてみるとさもありなんと思う事実は、北出氏の調査と発掘によって、多くが知るところとなった。

敦賀に着いたら着いたで、着の身着のまま長旅をしたせいでか鼻をつまみたいほどの悪臭を発する難民たちに、温かい湯を提供してやった公衆浴場の亭主たちがいたし、道を歩くユダヤの子供に、赤いりんごを差し出してやった人たちがあった。

杉原が出したのは通過《トランジット》ビザだったから、中継地の日本で長くは留まれない。難民たちが押し寄せた神戸の警察当局にかけあって、在留期限切れを黙認させた孤高のヘブライ学者、小辻節三という人物もいた。この人は一九七三年、日本で亡くなる。遺体は故人の遺志どおりイスラエルに運ばれ、イェルサレムに永眠している。

と、そんなすべてを書く紙幅と時間は与えられていなかったから、勇気ある人々が、日本には少なからずいたとだけ記してある。

無数の、無名の、無冠の人々の、無償の行為こそはうるわしい。そんな人々をもちえた日本という国には、抜きん出た品格が備わっていた。――たといサブリミナルにでもよい、事実に基づくそんなイメージを、機会をとらえては打ち込みたいという気持ちにおいて、いつもはやるものがあった。

アンネ・フランクの家を訪れる

安倍ステートメントの中に、アンネ・フランクの隠れ家を訪ねたという一節がある。オランダへ赴いたこのとき、二〇一四年三月の外遊に、筆者は同行していないが、『アンネの日記』が舞台とした家に入って椅子に座り、辺りを見て説明を聞いている安倍氏の姿が、写真に残っている。

改めて歴史の重みに打たれ、厳粛な面持ちになっている様子は、一見して明らかだ。

安倍氏は特段の言葉を発しなかったけれど、目は、口ほどにモノを言う。世界は、安倍氏が胸中に備えた琴線の存在を見た。それで、よかった。

実はこれには前段がある。

先立つ二月二〇日、杉並区の区立図書館はじめ都内随所で、衝撃的事件の起きていたことがわかった。『アンネの日記』やその関連書籍を、何者かが一〇〇冊単位で切り裂いていた。

警察は三月一四日、東京都小平市在、無職三六歳、日本国籍の男を逮捕した。精神の病を患っていたとみえ、東京地方検察庁は結局のところ、心神喪失につき不起訴とする。

それは六月のことだから、外遊当時の安倍氏には、犯行動機についてまだ正確なところはわかっていない。もちろん、これがユダヤ人への憎悪に由来する犯罪だったのだとすると、日本に大きく、黒々と汚点がつく。そのことこそは危惧された。

事実、「アンネ・フランクの家」（オランダの法人）は、「衝撃を受けた、詳細を知りたい」とコメントを発出、サイモン・ウィーゼンタール・センターも「衝撃と深い懸念」を表明し、実行者の特定を求める声明を出していた。

タイミングは、まったくもって悪くもあり、また良くもあった。

安倍総理が宿願とした靖国神社参拝を実行したのは、第二次政権発足からちょうど一年の二〇一三年一二月二六日。

これに対し米国は、同盟国への特段の配慮をみせようとせず、すぐさま失望を表した。サイモン・ウィーゼンタール・センターは、参拝当日にすかさず、「安倍総理の靖国訪問は道徳的に誤りである」とするプレスリリースを出した。

日本が孤立する可能性を見て取っただろう中国外務省（外交部）は、おそらく全世界の公館向けに訓令を発出、ありとあらゆる機会をとらえて安倍批判をなすべしとの指示を出した。ロンドンなどで、中国外交官が安倍氏を悪しざまに言い始めた。

すなわち第二次安倍政権において、安倍氏と日本が最も強い逆風に見舞われた時である。そんな折も折、『アンネの日記』を切り裂く犯罪が白昼堂々行われたとあっては、日本の悪評は、なお募る。

時あたかも、二〇一四年三月にロシアがウクライナのクリミアに侵攻したのを受け、G7首脳が折柄オランダ・ハーグで予定されていた「核セキュリティ・サミット」のサイドラインで会うことになり、安倍総理はオランダへ行く手はずになっていた。

これが、不幸中の幸いで、安倍氏はアンネ・フランクの家を訪れることができた。ダメージコントロールを、ごく早期に実施できた。

もし東京の切り裂き事件が起きていなかったとしたら、アムステルダムでアンネ・フランクの家に行こうとは思わなかったかもしれない。ユダヤ人コミュニティが中国側につく悪夢について、まざまざ見る思いをすることもなかったかと想像する。

なおこのときのG7首脳会合で安倍総理は「力を背景とする現状変更」を許してはならないこと、これはウクライナという一地域の問題ではなく、特に、アジアを含め国際社会全体にとって極めて重要なものであることを強調し、多くの参加者から賛同を得た——と外務省の記録にはある。

ロシアによるウクライナ本格侵攻をみた二〇二二年二月二四日以後のわが国のレトリックは、すでにこのとき表れていたことがわかるが、それは本論の考察対象ではない。

日本の選択を明らかに

ヤド・ヴァシェムにおける短い発言の背後には、以上見たような一年前からのいきさつがあった。たとい二分に満たない、スピーチなどと呼べないものだったとしても、多くのニュアンスを行間に込める必要があり、かつ、それが読解される必要があった。

さらに一点のみ付け加えておくと、「深い悲しみを乗り越え、イスラエルの建国に尽くした先人たちを前に厳かな気持ちにな」ったと述べた一節を、好もしく思ってくれたユダヤ人が少なくはなかっただろうと想像する。

イスラエルの建国は、すなわちパレスチナの亡国であるとするのが、パレスチナ勢力側の主張である。にもかかわらず、ここで安倍政権は、パレスチナとイスラエルが等価であるとは思わないこと、日本国の国益にとっては、イスラエルの方がよほど重要であることを、包み隠さず述べたことになる。

日本外交には、パレスチナにもイスラエルにも、どちらにも嫌われたくないとばかり、立場を明らかにしない通弊がある。パキスタンとインドなどでも同じ構図がある。両方によい顔をしようとすると、どちらからも信頼されない。安倍発言は、日本外交の旧弊を、初めて破った意味合いがあった。

やがてユダヤ人コミュニティが安倍総理を強く支持するようになった背景には、選べといわれればパレスチナでなくイスラエルを選ぶとした安倍政権の姿勢に対する高評価があっただろう。

結果として、日本は安倍政権の時代、イスラエルとかつてないよい関係を結ぶ。イスラエル側のベンヤミン（ビビ）・ネタニヤフ首相（当時）は、オバマ政権（当時）との対立を厭《いと》わずイランへの警戒をおさおさ怠らない指導者だったが、安倍総理とえらくうまが合った。

米国では、いままでに名を出したＡＩＰＡＣ、サイモン・ウィーゼンタール・センターに加え、米国ユダヤ人協会（ＡＪＣ）も安倍支持を鮮明にして、毎年一度、大型の使節団を日本に送っては、かならず総理官邸を表敬訪問した。

といえば聞こえはいいが、サービス精神旺盛な安倍総理が来訪者一人ひとりと「ツーシヨット」の撮影に応じてくれるのを当て込んで、必ず官邸詣でを欠かさなかったのである。彼らは米国の方々《ほうぼう》から集まって日本に来るけれど、それぞれ地元では成功者として鳴る。一人ひとりが資産家であって、民主、共和両党に惜しみのない寄付をしている人々だったから、ぜひにも味方になっておいてもらう必要があった。

こんなふうにして、二〇一五年が始まった。集団的自衛権を一部可能とする平和安全法制をつくれるか。安倍政権最大の山場が控えていた。

安倍総理は、米オバマ政権を相手に、日米同盟を未来の時制で定義し直すこととなる。

第5章　一世一代の米議会演説

まだ高校生だったとき、ラジオから流れてきたキャロル・キングの曲に、私は心を揺さぶられました。

「落ち込んだ時、困った時、…目を閉じて、私を思って。私は行く。あなたのもとに。たとえそれが、あなたにとっていちばん暗い、そんな夜でも、明るくするために」。

二〇一一年三月一一日、日本に、いちばん暗い夜がきました。日本の東北地方を、地震と津波、原発の事故が襲ったのです。

そして、そのときでした。米軍は、未曾有の規模で救難作戦を展開してくれました。本当にたくさんの米国人の皆さんが、東北の子供たちに、支援の手を差し伸べてくれました。

私たちには、トモダチがいました。

被災した人々と、一緒に涙を流してくれた。そしてなにものにもかえられない、大切な

ものを与えてくれた。

――希望、です。

米国が世界に与える最良の資産、それは、昔も、今も、将来も、希望であった、希望である、希望でなくてはなりません。

米国国民を代表する皆様。私たちの同盟を、「希望の同盟」と呼びましょう。アメリカと日本、力を合わせ、世界をもっとはるかに良い場所にしていこうではありませんか。

希望の同盟――。一緒でなら、きっとできます。

ありがとうございました。

と、もちろん全文英語で総理が読み終えると、会議場は割れんばかりの、拍手。上院議長としての立場で発言者である総理の真後ろに下院議長と並んで座っていたバイデン副大統領（当時）も、同じように立ち上がって手を叩いていた。

二〇一五年四月二九日、米国連邦議会上下両院合同会議でのスピーチである。

米国連邦議会で上下両院議員が一堂に会し、誰かの演説を聞く機会は、大統領が議会に一年に一度だけ年初に現れ「年次教書演説」を読むときくらいなものだ。その際には、フロア面積が広い下院の本会議場が使われる。

来訪した外国要人を、これと同じ処遇で——下院本会議場で上下両院議員が迎えてスピーチさせる慣習は、さほど昔にさかのぼらない。それ以前は、下院本会議場で下院議員が迎え、聞くのを通例とした。

昭和三二（一九五七）年に訪米した岸信介総理（当時）は、あまり知られていなかったが、下院を舞台に堂々たる演説をしていた。これについては後の章であらためて詳しく述べる。

そしてその後、ついぞなかった。一九六一年、当時の池田勇人《はやと》総理が下院で述べたものは短かすぎ、「挨拶《あいさつ》」として今に伝わるため省《はぶ》くとして、安倍総理は、米連邦議会演説としてなら祖父、岸に次いで二番目に当たるスピーチを、上下両院合同会議に対して、と、定義を狭くした場合なら史上初となる演説を、読み上げることとなった。

はからずもホワイトハウス見学

演説実施日の四〇日とちょっと前、三月二〇日ごろ、米議会からゴーサインが出て安倍総理の演説が本決まりになった。なお議会で誰にいつ話をさせるかは、日本においても同様だが政権がくちばしをはさむところではない。議会の専決事項だ。

つまりこのときまでに、日本の「シンゾー・アベ」について、迎え入れてよかろうというコンセンサスが米議会に成立していたことになる。強硬な反対意見を唱える有力議員が一人でもいれば、難しかっただろう。ここまで持ち込むに当たってキャロライン・ケネディ駐日大使（当時）の働きが大きかったことは、後に触れたい。

実はこれに先立ち、三月一日日曜日出国、七日土曜日帰国の日程で、わたしは米ワシントンＤＣとの間を往復した。

このときは、本務先（安倍総理の外交スピーチをフルに手がけつつ、二〇一四年四月以来テニュア教授職にあった慶應義塾での手は抜いていなかった）から得た研究費を年度内にきちんと使い、報告できる成果を作る必要に迫られていた。

研究テーマとして金融のウェポン（武器）化に興味があり、ドル決済網を用いた制裁の実務を、細部にわたって理解したいと思っていた。ゆくゆくは——といっても今日に至るも未完のままだが、制裁の主体となる米財務省の外国資産コントロール・オフィスについて詳述したいと考え、その先鞭をつけるのが目的のひとつ。

そこで専門家に会っておこうと、「財務省の戦争」と邦訳できる題の先駆的著作をもつウアン・ザラテ氏に、旧知のデイビッド・アッシャー氏の紹介で会ったのがこの時だ。

費用は一部学校支給の研究費で賄《まかな》った。つまり、官費は使わなかった。あり得べき総理の議会演説を睨《にら》んだ下調べ目的の公費出張などではどこから見てもなかったし、実はそんな必要を全く認めていなかった。

オバマ大統領のスタッフと事前に会ったことが世間に知られた日には、米国と相談ずくで起案したのかなどと、痛くもない腹をさぐられかねない。

そもそも総理と一緒に作るんだと意欲満々だったスピーチに、誰かの意見、とりわけ米政権関係者の見解を参考にする必要など、毫《ごう》も認めていなかった。これはわたしの、倨傲《きょごう》のゆえでもある。

ところが佐々江賢一郎大使以下当時の在米日本大使館スタッフは、時宜《じぎ》まことによろしきを得て谷口が来たと解釈し、お願いしたわけではないのに、ホワイトハウスのアジア担当上級部長としてオバマ政権アジア政策の中枢に座っていたイーヴァン・メデイロス氏や、第1章「スピーチライターとは何か」で述べたように大統領スピーチライター、ベン・ローズ氏との会合を、あらかじめセットしてくれていたのである。

佐々江大使は、前にも述べたが、外務省で筆者が初めて麻生大臣のため書いたスピーチをノーチェックで通してくれたという、その後いっさいあずかれなくなる特別待遇をしてくれた恩義ある方だけれども、このときワシントンで頂戴した配慮も、やはりありがたかった。

ホワイトハウスのウエストウイングに入り込んで、思っていたよりせせこましい、陽光の差し込まない場所だとわかったり、ホワイトハウスの給仕給食は海軍の管轄なんだと、見て妙に納得したり、なんでもないことに臨場感が味わえた。

メデイロス、ローズ両氏といちおう顔見知りになったことも含め、これから総理と作ろうとするスピーチが届くであろう人々の面構えや、その働く空間について具体像を抱けたことは、自信や安心を抱く一助になったと思える。

安倍総理の指示で加わったキーワード

そんな旅から帰国すると、正味一カ月間の、スピーチ作成作業が始まった。

いま記録を確かめてみると、原稿の第三版から第四版の間に、総理の指示によって重要なキーワードが加わっていたことがわかった。

日米同盟を、「希望の同盟」と呼ぶんだと、そう明確に言う表現が加わったのが、第四版だった。

　自分の記憶違いにも気がつく。安倍総理（やわたし）は、寝床に持ち込んだラジオで深夜放送に聞き入った世代の一人。

　安倍氏はなんでも高校生の頃キャロル・キング「君の友だち（You’ve got a friend)」を愛聴したとかで、第一版作成時点から、歌詞の一節を入れられないかと指示が来ていた。

　残ったメモの様子から記憶をたぐるに、総理の指示を聞いた今井尚哉秘書官が簡単な原稿にし、わたしに手渡してくれていたようだ。わたしは、「ユーヴ・ガッタ・フレンド」の歌のエピソードは、演説作成過程のごく終盤に総理自身の指示で入ったような気がしていた。

　一緒に忘れてしまっていたことは、当初は傍聴席（ギャラリー）にキャロル・キングその人に来ていてもらい、あなたはわたしの憧れでしたと、総理が直接呼びかける演出を考えていたことだ。

　あぁ、きっと、大きな、割れんばかりの拍手が出るなぁ、すると総理は一気に喜色満面、最後の大団円に向かって、フォルティシモで盛り上げる力強いフィニッシュができるなぁと、そんな想像をし、ひとり興奮した記憶がほのかによみがえる。

拍手が取れるスピーチをつくろうとして腐心しなくてはならない理由のひとつはそこだ。拍手はスピーカー自身の感動を増す。それがストレートに出ると、会場は興奮をシェアし、増幅してくれる。ライブ・コンサートとなんら変わらない。

だからわたしは、「こう書けば、きっと」と、いつも拍手を引き出せる流れや文章をああだこうだと考えるのを常とした。

そしていまいった大団円をどうつくるかは、スピーチの寿命を決める。着地がぴたりと決まると、全体の印象が顕著によくなる。「あのときの、安倍さんの、あれ、すごかったねえ」といったように語り草となって、長く覚えていてもらえるかもしれない。

幻に終わったプランといえば、当初はギャラリーにメジャーリーグの元投手、野茂英雄氏に来ていてもらい、「一〇〇マイルでなく、一〇マイルの球速で、ゆっくり投げてください」と演台から呼びかける安倍総理に向かって、ほんとに球を投げてもらう演出を（も）考えていた。

白球はきっと、ゆるやかな放物線を描いて安倍総理のグローブに収まっただろう。そしてそれは残像となって、見る者の眼底に長く残っただろう――。

別段ことさらなケレンを求めたのではない。野茂投手は、覚えている人が多いだろう、クリントン政権発足後三年目、日米経済摩擦がその陰の極にあり、とげとげしい感情と言葉が日米間を飛び交ったまさにそんな時期、一九九五年に単身太平洋を渡った。

するとその一度上体を真後ろにひねった後で投げるトルネード投法は、大リーグの強打者たちをばたばた三振にとった。かといって、表情ひとつ変えない野茂。

米国の野球ファンたちは、貿易摩擦の、なんのかのはおかまいなし、強い野茂をただ強い野茂として、純粋に喜び迎えてくれた。そのことが、どれだけ日本のわれわれに、干天の慈雨のごとき慰《い》藉《しゃ》を与えてくれたことか。

野茂こそは真のパイオニアであって、彼がいなければイチロー、松井秀喜、もろもろの日本人選手は果たして大リーグにいたか疑問なくらいだ。とそう考えて、わたしはしばらく野茂に執心した。

野茂氏の都合がつかなかったのだと記憶するけれど、このプランは早期に消えた。

なにごともやり過ぎはいけないし、いくらケレンでないとわたしごときが言おうが、安倍総理は結局のところ、演出過多の気味合いが出るのを嫌っただろうと思う。飛んできたボールを取り損ねて何かを壊しなどしてもまずい。つまり野茂投手の線は、やはりなかった。

日米同盟に未来へのベクトルを

ここで、改めて考えておきたい。なんのための、米議会スピーチだっただろうか。

いま安倍総理が抱いた企図を要約しておくと、第一に、旧共産圏との対抗上生まれ、冷戦の産物だった日米同盟をこの際一新し、一気に未来へ向いたベクトルを与えること。日米同盟を「希望の同盟」と呼ぶべし、という安倍総理直々《じきじき》の指示は、まさしくその狙いから出た。

ここで告白しておくけれども、「希望の」という形容が、当初わたしはなんだか気恥ずかしかった。〝シュガーコーテッド〟、「糖衣」的な感じを受けたからだ。わたしの心中から、内発的に出てきた表現ではない。あくまでも安倍総理が執心して、ああなった。

後知恵で言うならば、これはこれで、ほんとうに良かった。

「希望」というだけで、目線が未来を向く。向日性が出る。明るい。英語で言うと、アライアンス・オブ・ホープ。

アライアンス・オブ・コンビーニエンス（便宜上の同盟）ではないのだと、言外にだが、雄弁に示すこともできる。

演説の中に、「米国が世界に与える最良の資産、それは、昔も、今も、将来も、希望であった、希望である、希望でなくてはなりません」との箇所がある。

これはごく初期段階の草稿から残ったフレーズで、米国の、その最良の部分を米国人自身に思い出させ、自信をもてと促す応援のメッセージだった。

オバマ時代の米国は、世界の警察官という立場を放擲《ほうてき》した。だからといって国内に引きこもり、不毛の対立あれこれにかまけて、柄にもなく冷笑主義《シニシズム》のとりこになってもらったのでは困る。自信喪失のアメリカなど、世界にとってむしろ迷惑だ。

「希望」の力こそ、アメリカン・ウエイ・オブ・ライフの土台だったじゃないかと言い、それをｂｅ動詞の時制をさまざまに変えて訴えたものだった。

第二に、日本の未来は海洋民主主義大国米国とともに切り拓くものであって、大陸勢力への接近によって得られるものではないと、国家の基礎を据え直すこと。

これは、マリタイム（海洋）・アイデンティティを固め直すことだったと言い換えてもよい。「おのれとはなにものか」規定しようとする「アイデンティティ・ポリティクス」の、ひとつの形だった。

近代の日本にとって、海へ行くか大陸に傾くかは、一見主体的選択の対象であるかに

——二択問題ででもあるかのように、見えることがしばしばだった。

大陸には自ら対処すべき大きな脅威があり、それと同じくらい巨大な、裨益《ひえき》すべき可能性と利益がある。それに中国は日本と「同文同種」ではないか——。そんな呼び声は、国民心理のどこか基層に、通奏低音として響いている。

けれども現実はといえば、その種のロマンチシズムが入り込む余地など、実はない。安倍総理は第二次政権発足早々「地球儀を俯瞰《ふかん》する外交」という方針を打ち出した。中国と、一対一のサシで立ち向かうことは有害にして無益、そもそも無理、という判断に立ったリアリズム外交をいう。

海洋民主主義国と地平をまたいで手を組み、志を結び、それで初めて中国の台頭に適切な間合いを取ることができる。——それが安倍流「地球儀俯瞰外交」の本旨である。

すなわちこの路線を追い求めるには、日米同盟の強化に次ぐ強化が不可欠であるうえ、日本国民のアイデンティティも、「コンチネンタル」ではなく、「マリタイム」にし、堅固にしておく必要がある。米議会スピーチは、それを内外に闡明《せんめい》する機会だった。

マリタイム・アイデンティティを確かなものとしてこそ、いわゆるＦＯＩＰ、「自由で開かれたインド太平洋」という、安倍総理案出になるもうひとつの地政学的コンセプトの追求に、日本は資格要件において十全たるところを主張できる。

そして第三には、日米の愛憎相半ばした過去のいきさつに、戦後七〇年にして大きなエンドマークを打つことである。

第一、第二の、いずれも未来を向いた日本の路線選択と日米同盟の更新をこの際一気に進めるためにも、米国人がいまも抱く日本に対するわだかまりに、最終決着をつけておく必要があった。

以上をスピーチに企図として含めるならば、何をどんな順番で、どう言うかおぼろげながら見えてくる。第三の点を打ち出すキーワードとして浮かんだ言葉は、「悔悟」だ。これの英訳として選んだのは、「リペンタンス(repentance)」だった。ここには、のちの章でもう一度立ち返る。安倍総理にとって、歴史認識の根幹に関わるところだったからだ。

議員たちからサイン攻めに遭う

スピーチの「着地」は、キャロル・キングが「君の友だち」をコンサートで歌っている様子をＹｏｕＴｕｂｅでしげしげと見るうち、異様な感動とともに方向性が決まった。

動画は、集まったおそらくベビーブーマーとおぼしいたくさんの男女が、目に涙さえ浮かべつつ、そらんじた歌詞を思わず口にしている情景を映していた。やがて会場を包む、穏やかな声の合唱。

現代米国にはもはや稀少、国民的一体感を醸《かも》し出す歌である。ゆえに歌の名を口にし、思い出させるだけで、米国人の琴線に触れると理解できたが、歌詞がまた、誂えたようにうってつけだった。

安倍総理が議事堂に立つわずか四年前の二〇一一年三月一一日、日本は、キャロル・キングが歌ったとおり、「ザ・ダーケスト・ナイト（暗いうえにも暗い夜）」を経験した。

そのとき、やはり歌詞が言うように駆けつけてくれた「フレンド」がいた。米軍だ。平時として史上最大の、救援作戦を発動することによって。

しかもその作戦名は、「オペレーション・トモダチ」だった。となればスピーチが本章冒頭に示したように終わったのは、いかにも自然な流れだった。

演説に先立って、総理スピーチのテクスト（英文）は、周到なフォントの選択、レイアウトを（不肖わたくしが）施したうえ、議員一人ひとりの机上へ配ってあった。

これが、意外な効果を生む。いま聞き終えたばかりの演説に上気した議員たちは、そのスピーチ原稿をもって安倍総理のもとに押し寄せ、サインをしてくれとねだった。時間切れで応じられなかった議員や関係者は、十数名ほども残った。

　安倍総理は、書き直されていく原稿を逐次日本語で確認しては諾否を指示し、追加の注文をつける。

　このプロセスを通じて、わたしは常に、「英語にしたときどうなるか」を考えて文章をつくり、同時に、日本語として、助詞や句読点の一字一句まで洗練を失わないよう気遣った。

　右の「であった、である、でなくてはならない」というｂｅ動詞の時制をいろいろにする表現などは、英語になったときの姿をあらかじめ踏まえてつくったものである。

　この原稿も含め、総理の発信する言葉の英訳は、当時、日本の生活が長いあるアメリカ人女性ひとりの力に頼っていた。

　自分のことを「ワークホース（使役馬）」と呼ぶ彼女は、明日朝までに仕上げてくれと頼むと、無理に無理を重ねて注文どおり納品してくれる。一度として信頼を裏切ったことがない。機微情報の漏洩《ろうえい》などもちろんなく、徹夜を強《し》いられることに不平ひとつ、こぼしたこともない。

　そんな彼女とわたしは、深夜から早朝にかけまだ働いていることを確認しあっては、ひそかに同志的連帯を固める仲だった。

カソリック教徒として敬虔《けいけん》な彼女に、わたしは先に一言した「リペンタンス」という言葉がもつ特別な意味を教わるのだが、政府の仕事とあって大した報酬すら払えないなか職人的献身を見せ続けた彼女に、わたしはどう酬いたものかいつも心を悩ませていた。

願ってもない機会が、政権の終盤に訪れる。

フランシスコ・ローマ教皇が来日し、官邸にやってきて「要人及び外交団等との集い」に臨んだとき（二〇一九年一一月二五日）、総理が読んだ挨拶文はやはり彼女に英語にしてもらったものだったが、彼女には、限られた聴衆の一人として、その場に加わってもらった。

その前には総理応接室に招き、彼女が長い年月果たしてきた役割を安倍総理に紹介したうえ、官邸公式フォトグラファーに、二人の記念写真を撮ってもらった。

寝室で、専用機で、米迎賓館で

ぎりぎりまで修正を加え、総理決裁を得られた原稿が、そうやって、わずかの時間を経て英語になる。ただし彼女はみずから編集権を行使せず、日本語からの直訳にする。

それだけでは生硬に過ぎ、あるいは舌に乗せるのが難しかったり、出てくる単語が口語的でなかったりする場合が少なくない。

それを今度はわたしが日本語から離れないよう注意しいしい修正し、直訳調を自然にし、読みにくいところを改める。

さらにこの場合のように総理みずから英語で話すときは、イントネーション、間などに注意するとともに読みやすさ本位でわたしが音読し、カセットテープ（の方を安倍氏はＩＣレコーダーより好んだ、巻き戻し再生が容易だからと）に吹き込んだものを、「音声教材」としてお渡しする。

「あ、できた？　あれ」

「録音ですね、まだ原稿が固まっていませんので……」

「いまできてるところまででいいから、作ってくれたら……」

とそんな会話があったのち、わたしの吹き込んだテープを、安倍総理はまるで奪うようにして持ち帰った。

夜ごと夜ごと、どうやら風呂上がり、バスローブ姿だったのかパジャマになっていたのか知らないが、安倍総理は自宅寝室で大声を張り上げ練習していたらしい。

耳にイヤホンを差し込み使っているとばかり思っていたが、カセットテレコ（などと言ってもいまの若い人にはピンと来ないか）本体スピーカーから大きな音を出し、練習していたらしい。

だから米議会演説の前、昭恵夫人にこんなふうに言われた。

「もう、毎晩ね、谷口さんの声がずーっと聞こえるもんだから、なんかわたしまで覚えちゃいそうなの」

想像するにつけても、微笑ましい。寝床を一緒に、仲良く、そして機嫌良く、一日を終える夫婦なのだと思えるではないか。

写真（次ページ）は、米国に向かう政府専用機の居室で本番さながら、雰囲気を出して読んでいるところだ。

当時はボーイング７４７ジャンボで、室内の空気が極度に乾いた。ハードカバーの本は、表紙が反り返ってしまうくらいだった。

あまり声を張り上げすぎると喉に悪いと思い、わたしは総理に、ほどほどにしてはどうかと言ってみた。

「いや政治家はみんなそうだけど、選挙のとき声を潰してるでしょ、だから喉には自信が

機内でスピーチの練習。筆者写す

あるんだ、ダイジョウブ」

と、たちどころに否定し、「あともう一回」、「じゃ、やっぱりもう一回」と、練習を続けた。

確かに総理の喉は丈夫そのもので、ワシントンに着き、ホワイトハウスの向かいにある迎賓館「ブレアハウス」に入ったあとも、ライブラリーと称する部屋に演台をしつらえて、わたしなどを相手に読みの練習をした。

おとなしい執事たちが幾人か、目の隅に好奇心を漂わせて通り過ぎたが、安倍総理はまるで気にするふうもない。

翌日にスピーチを控えた前の晩、オバマ大統領は主催の晩餐会を開いて、総理以下わたしたち一行にもブラックタイを着用させ、もてなしてくれた。

宴が始まる前には随員一人ひとりを大統領が握手で迎える。そこを先方の公式フォトグラファーが撮影し、後日、写真は大統領のサインが入って送られてくる。

このときわたしは大統領に、大統領が当日述べた歓迎の辞がとてもよかったと短く言った。

すると大統領は「われわれにもいいスピーチライターがいるんでね」と応じたから、わたしの素性をわきまえてのことかとびっくりさせられたのを思い出す。

安倍総理が無類の映画好きであることを踏まえてであろう、歓迎宴の余興には、クリント・イーストウッド監督作品で二〇一四年公開のミュージカル映画「ジャージー・ボーイズ」に出て歌った四人がナマで現れ、楽しいアカペラをダンスに乗せて聞かせてくれた。

安倍氏は国家元首でこそないから、国賓扱いにはならない。しかし「限りなく国賓に近い」応接をすると、事前に聞いていた。まさにそのとおりで、心のこもったもてなしだった。

宴は、終盤。そろそろお開きというときオバマ大統領が言った言葉が「この人、わかってくれている」と思わせるものだった。

「もっとずっと、楽しんでいてもらいたいけれど、安倍総理はどうやら、今夜もあしたのスピーチの練習をするらしい。そうでしょ、ね。だから、もうこの辺でお別れにしましょう」

とそんなふうに。

大統領は、目に微笑を湛《たた》えていた。総理の一途《いちず》な努力をオバマ氏は知っていた。それを、面白いと、つまり安倍という人物の人となりをよく語るものだと思い、そこに触れれば皆を微笑ませると思ったからこそ、ネタにして持ち出したものだろう。

当初は、なかなか打ち解けたところを見せないオバマ氏（二〇一四年四月来日、「すきやばし次郎」で総理との会食に臨んだ大統領は、寿司に目もくれなかったといわれる）と安倍氏の間に、ややぎくしゃくしたところがあったようだが、このときまでに大統領は安倍氏に対して信用と、ごくわずかでも、友情の念を育てていたに違いない。

議会の演説は、なにも英語でやると決まっていたのではなかった。安倍氏より前に同じくオバマ政権下、議会上下両院合同会議の演説に臨んだアンゲラ・メルケル独首相（当時）は、英語にほとんど不自由がないにも拘《かか》わらず、ドイツ語で押し通した。

わたしは準備のごく初期段階で総理にそのことを伝え、日本語でもなんら問題ない、どうしますかと尋ねたところ、間髪いれず「英語でやろう」との答え。

わたしには、もしも総理が日本語でやってくれるなら、通訳ブースから英語のヴォイス・オーヴァーができるぞ、シェイクスピア劇俳優並みに力を込め、曲をつけた朗読ができるぞとひそかに期待するところがあったが、邪心はあっけなく打ち砕かれた。

もともと安倍氏には、いまのままでこなせる選択肢と、難しいが努力すれば手の届くオプションと、二つを示されたなら、迷わず難しい方を取る気性がある。

加えて、おそらく勘が働いた。英語の読み上げの上手か下手かで、聴衆は自分の演説に判断などくださない。熱意の総量をこそ見てくれるだろうという勘だ。

そして安倍総理は四五分、それはもう、懸命に読んだ。内容もさることながらこの懸命さが、視線の真っ直ぐさが、聴衆のハートに届いたとわたしは信じて疑わない。総理の読み通りになった。

「あの演説のときはね、ほんとうに毎日、毎日練習だったの。よく続くわねって言ったら、『こんなにやったことないね。学生のとき、このくらいやってたらね。もうちょっと良かったよね』って言ってね」。昭恵夫人は安倍氏が不帰の客となったあと、わたしと一対一、相対したとき、問わず語りにそんなことを教えてくれた。

テープレコーダーは一台が総理のもとに、一台は新たな吹き込み用に、そしてもう一台が予備にと、最低三台必要だった。わたしのもとには、万一を考え、二台追加し合計五つにもなったカセットテレコがある。もう使う機会は訪れないだろう。

エピソード02　ケネディ大使と早稲田でのスピーチ

史上初の日本の首相による、米上下両院スピーチには陰の立役者がいた。

上下両院合同会議に招かれ演説した諸国の指導者は、大勢いた。例えば近いところで、朴槿恵《パククネ》韓国大統領（当時）は、既にやっていた。それなのに、最も重要な同盟国・日本の首相が誰もしていないのはおかしいではないかと、深刻な疑問を抱いた有力者がいたのである。

それが、キャロライン・ケネディ駐日（米国）大使だった。

わたしは、この間の事情を、大使首席補佐官の立場で東京に来ていたデブラ・デショング・リードさんから直接聞いた（彼女はのち、ＰｈＲＭＡ〔米国研究製薬工業協会〕の広報担当。「リード」姓を用いなくなったようだ）。

「韓国大統領は複数回やっているのに日本からはゼロ。おかしいと大使は言っている」と。

そんなケネディ大使の尽力を裏書きする話を、ホワイトハウスのウエストウイングで会ったオバマ大統領のスピーチライター、ベン・ローズ氏からも聞いた。

「ケネディ大使に奨《すす》められたから、安倍総理の豪州上下両院総会における演説（二〇一四年七月）を読んだ」と、ローズ氏は筆者に言ったのである（これは不肖わたしには相当嬉しい驚きだった）。

安倍総理の豪州における演説は、彼の歴史観を示す重要なものだったが、それについては第6章であらためて述べるとしよう。

ケネディ大使の尽力がとりわけ重要な意味を持ったのは、この時期、安倍総理に対し国際世論から強い逆風が吹いていたからだ。

総理が在任中に必ず一度はと念じていた靖国神社の参拝を政権発足ちょうど一年の日、二〇一三年一二月二六日に実行してからというもの、これ幸いと口を極めて対日非難に打って出た中国ばかりか、同盟の契りを結んだ米国にも、安倍氏を警戒する風潮が蔓延《まんえん》した。

このときが、安倍政権が外国から最も強い逆風を受けた時期だ。

安倍という人物、果たして信頼するに足るか。ともに働くに値する人か。はたまた、懐古趣味の反動政治家だろうから、「アベノミクス」に興味などないのではないか、など。

疑問、疑念、不審を抱く人々が、このころ集中して来日した。

官邸のわたしの部屋にも、巨額を運用するファンド関係者が何組か来て、安倍総理のことをいろいろ聞きたがった。

ワシントンからは、議員とそのスタッフ、数多いシンクタンクの研究者たちが次々と来日し、取材にいそしんだ。

そのうち少なからぬ数の人たちが、ケネディ大使との会合を持ちたがった。

米国は、自らを恃《たの》む共和国である。けれども心のどこかで、王室への憧憬を抱いている。ケネディ家は王なき米国で最も王室にちかい存在で、キャロライン・ケネディ氏は、さしずめ永遠のプリンセスだ。

そんなお姫様と同じ写真に収まりたいと、来訪者の多くに実は秘したる意図があった。帰国し額装してオフィスに置いておけば、同僚や客が派手にびっくりしてくれるだろうとの読みからだ。

そんなわけで東京まで来て会いに訪れるたくさんの米国人に、ケネディ大使は倦《う》まずに同じことを言い続けた。

シンゾー・アベの政治信条に貴方が同意できるかどうかはともかくとして、彼の具体的施策をご覧なさい。

日米同盟に対する打ち込みようを、女性を励まし支援するところ、農業既得権益に立ち向かってでもＴＰＰを仕上げようと懸命なところをご覧なさいよと、大使は訴えた。

なんでも、安倍氏の政策は女性の支援や子育てのサポートなど、米国流に言うと「ソーシャル・プログレッシブ」な項目を種々含むから、「シンゾー・アベはもし米国の政治家だったらわたしたちと同じ民主党だったんじゃないかしら」などとも、ケネディ大使は言ったらしい。これは安倍氏には、いささか有難《ありがた》迷惑だっただろう。

安倍氏をウルトラ・ナショナリストだ、反動政治家だとみる論調は、ワシントンにおいてまことに強かった。議会でも、韓国系米国人がたくさん住まう一帯を選挙区とする下院議員のあいだで、安倍警戒論が根強かった。

それに対して、ケネディ大使は、「安倍支持」を積極的に働きかけた。「キャロライン・ケネディです」と言ってかかってくる電話を、喜んで取らない人など米国にはいない。一方ではオバマ大統領のホワイトハウスに訴えて、ベン・ローズ氏などに安倍演説の一読を勧めつつ、大使は他方で議会に働きかけ、安倍氏の受け入れを訴えた。これが、功を奏す。

それゆえにこそ実現したのが、米議会でのスピーチだった。

ＪＦＫに捧げた早稲田演説

安倍氏はケネディ大使に感謝の念を抱く。借りができたとも思った。すなわちそれくらい、スピーチ実現に漕ぎ着けるまでに同大使が果たした貢献は大きかったと、総理は認めていた。

状況証拠は、二点ある。

議会演説を主たる任務として訪米するのに、このとき安倍総理はワシントンへ直行せず、先にボストンへ入った。同市にあるジョン・Ｆ・ケネディ大統領記念館（ライブラリー）を訪れるためである。

赴任先国の首脳が自国を訪れる際、大使は先に自国へ戻っていて、飛行機から降りてくる首脳をタラップ下で出迎えるのが外交上の儀礼である。ケネディ大使はもちろんそうしたが、その足で、父の事績を集めたライブラリーへと安倍総理夫妻を導いた。

安倍総理はこれに応じることで、大使の貢献に感謝していることが世間によく伝わるようにしたわけである。

もうひとつは、ケネディ大使の意向を汲んだうえ、先立つ二〇一五年三月五日、千代田区北の丸公園・国立公文書館を会場として「ＪＦＫ――その生涯と遺産」と題する一大展示を実施し、オープニングの行事に大使と連れ立って参加したこと。

のみならず、同月一八日には、「ＪＦＫ三つのレガシーと日本」と題したスピーチを早稲田大学の大隈講堂で読み上げたことだ。

こちらは「引き継がれるケネディ大統領のトーチ　今日に至るその遺産」と題したシンポジウムを早稲田大学とジョン・Ｆ・ケネディ・ライブラリー財団が共催する際、招かれて述べたものだ。

同年初頭に実施し第4章で見た「ヤド・ヴァシェム」でのステートメント以来、煉瓦《れんが》を積むように続けた戦略を反映したものだったが、力がこもったのはケネディ大使に加え、そこにビル・クリントン元大統領の姿があったからだ。

おそらくは高額の報酬を払って呼び寄せたものであろう。

早稲田大学がいかほど負担したかはしらない。しかしこの際は、「ケネディ家がクリントンを呼んだ」ことが米国政界に知れ渡る効果の方がはるかに重要だった。察するに、ケネディ・ライブラリーがかなりのカネを出したのではないか。

というのも、選ぶにもってして日本の、それも都の西北早稲田の森で、ケネディ家、クリントン家の手打ちが挙行されたということ。それがこのシンポジウムの隠された、しかしワシントンの目利きが見逃すはずのない、重要な意味だったからである。

　バラク・オバマという人、本命視されたヒラリー・クリントン候補を二〇〇八年民主党大会を待たずに打ち負かし、そのまま同年一一月の選挙に勝って大統領になった。

　党大会で、もっとも力強い応援演説をしオバマ支持の旗幟《きし》を鮮明にしたのが、ＪＦＫの末弟にして、翌年には七七年の生涯を終えることとなるエドワード（テッド）・ケネディ上院議員だった。

「我が家ではテディおじさん、って、そう呼ばれているんです」と言いながら、このときテッド・ケネディを紹介し、演台に招いたその人こそは、キャロライン・ケネディ氏だった。

　そんなふうに、ヒラリーを蹴落とすうえでそのお姫様パワーを遺憾《いかん》なく発揮したクリントン家の敵。それがケネディ大使にほかならなかった。

　積年の因縁は、ビル・クリントンとキャロライン・ケネディ両巨頭が大隈講堂に揃い踏みしたこの日、政治的手打ちで決着した形になる。二人のツーショットは、実現しただけで、ニュースだったのである。

大使は任国日本で、米国の対日文化外交の一環としての装いのもと、その実は、クリントン夫妻との和解を目に見えるよう演出してみせた。「したたか」という形容動詞は、使うとするとこういう場合がふさわしいのではないか。

安倍氏とて体の隅々まで政治家としての野性の血が流れている人物だったから、ケネディ大使の意図を十分に心得ていた。わきまえたうえで、大使のため一肌脱いでやった。いや、元大統領も来るのであるから、よもや断れない。脱がざるを得ない立場に、喜んで立ってやったといえばよいか。それが安倍総理の、大隈講堂への登壇であった。

安倍氏には安倍氏の企図があった。

大隈講堂スピーチの頃には、すでに議会演説が本決まりになりつつあった。けれども安倍氏にまつわるおもしろくないイメージが消えていたわけでないことは、先に述べたとおりだ。

ビル・クリントンという歴代大統領の中でも指折りと目される話者、偉大なコミュニケーターを前に何を語るかは、安倍氏の「認識マネジメント（パーセプション・マネジメント）」にとって、ゆるがせにできない。

同氏がワシントンで、安倍氏についてよい印象を述べてくれることを期待したスピーチは、それゆえ次のようなトーンとなった。

最後に、早稲田の諸君に申し上げます。

みなさんの校歌は、ケネディ家で長く記憶されたことをご存知ですか。

「都の西北、早稲田の森に」

ロバート・ケネディ司法長官が、一九六二年の二月、日本に来ました。そしてまさにここ、大隈講堂で、学生たちとの討論に臨みました。

当時の学生は、今日の皆さんのように、お行儀のいい人たちばかりではありません。

野次や怒号で騒然として、話がまともにできません。

それに業を煮やした応援団長が、ついに壇上へ上がりました。

そして、音頭をとりました。

すると、さすがは早稲田、右も、左もなくなって、講堂はそれから、早稲田、早稲田、早稲田。割れんばかりの大合唱になった。

よほど印象深かったのか、そのあとロバート・ケネディは、ワセダ、ワセダのリフレインを口ずさんだと、そういう話でした。そうですよね、ケネディ大使？

実はこれには、後日談があります。

聴衆の中にいた一人の若者が、のち、ワシントンに行って、ものは試し、あのとき聞いていた一人ですといって面談を申し込んだら、なんと、司法長官との面会が実現したということがありました。

この若者が、のちの、小渕恵三首相です。

ところで、グリネルとか、ケニヨンとか、アメリカ人なら皆知っている、中西部の宝石というべきリベラル・アーツ・カレッジがあります。

それらの大学と、早稲田大学は、長年にわたって姉妹関係を育ててきた。

それが基盤になって、留学生を送り出し、また受け入れて、キャンパスの国際化にかけては、日本の先頭を走っている。それは皆さん、もちろんご存知でしょう。

でも同時に、中国へ行ってください。韓国へ行ってください。台湾へ行って、そして、ワセダと言ってください。

「ああ、あの、ワセダ」。

もしかすると皆さんが思っている以上に、ワセダはアジアで愛されています。

理由は明らかで、早稲田のみなさんは、はるか明治の昔から、どんなときでも、一貫し

て、中国や、韓国や、台湾の学生を、喜んで受け入れ、高田馬場の市民たちと一緒になって、昼も、……そしてここが大事なところですが、夜も、彼らをいつくしんできた歴史があるからでしょう。

日本は、アジアの若者にとって、夢を見る場所、夢を形にする場所でなくてはならない。わたしは、これから先の日本を、中国や、韓国、アジアのたくさんの人たちと一緒になって、夢を見ることができる、そういう国にしていきたいと思います。〔中略〕

米国と、日本と、夢を見る力を育て、それから差別をなくし、人権を重んじる決意をいよいよ堅固にして、これからの時代、一緒に、世界を少しずつでも、よい場所にしていこうではありませんか。

それは、ＪＦＫが残してくれたレガシーに、正しく報いる道だと信じます。

書かれている中身、安倍総理の志、すべて、本当のことだ。うち前半部分は、早稲田にことよせつつ、日米関係の風雪、風格をイメージさせたところ。

のちに暗殺されることになるＲＦＫと、当時の早稲田が、いや、日本がそれほど深い関わりをもっていたことなど、日本ですら覚えている人は少ない。まして米国で知る人などない。

兄大統領の訪日が日程にのぼるなか、弟が先に東京へ来ることとしたのは、先遣隊として事情を探っておくためだ。

RFKは東京でずいぶんと「熱い」日本人学生に接するけれど、それはそれ、愛《め》でたようだ。

のち、兄弟ともに（そしてついに安倍総理も）兇弾《きょうだん》に斃《たお》れたことは悲劇である。ただし米国現代史の悲劇に日本は抜き差しならぬ立ち会い方をしていたとよく伝えることができたなら、風雪を経た日米の絆の強さを言うこととなる。

後半部分のテーマは、日本の開明性である。

西側先進民主主義国のいくつかは当時、外国人排斥の言説を横行させ、ヘイトクライムの発生もみていた。

早稲田という大学は高田馬場を降りたらその先が全部キャンパスのような雰囲気をたたえた学校だけれど、昼だけでなく夜も、学生たちを隔てなく受け入れ、育てる気風が街にはみなぎっている。

日本は韓国、中国（台湾を別個に言い中国と一緒くたにしない）と外交上どんな問題を抱えていようが、それで中韓の若者を排斥するような狭量な国ではないと、このとき安倍氏は言った。ヤド・ヴァシェム以来の、メッセージの一貫性を読み取ってほしい。

慰安婦問題に頭を悩ます

　さて米議会スピーチを準備する際最も悩ましかったところを述べ、本章を閉じることにする。それは、「慰安婦」問題だ。

　当時、いわゆる慰安婦への日本政府の対応を求める主張は韓国において盛り上がりを見せ、とある組織的ネットワークによって、カナダと米国でも同様に高まりを示していた。

　ボストンで、またワシントンでキャピトルヒル（連邦議会議事堂の丘）に向かう総理車列に対しても、少数とはいえ抗議の意思を示す集団があった。

「目に留まったら総理は車を降りて、慰安婦たちのところへ近づく。そして手をとり、一言すみませんでしたと言えばいい。カメラの放列はそれをとらえ、世界の認識を変えるだろう」

　国務省のレセプションに出ると、さる有名な元米海軍将校に真顔でそんな「助言」をもらった。こういう皮相な、ためにする演技は、安倍氏がよくするところではない。またこれで問題を解決したことにするほど、一部の韓国人はお人好しではない。いつまでも、何度でも、また蒸し返すに決まっている。

安倍総理は、「今回は日米関係を論じる場だ。韓国との問題は関係ない」と言い、動じた様子はいささかもなかった。

安倍総理演説の下院本会議場傍聴席には、総理から見て右手、上の方に、案じたとおり慰安婦と称する韓国人女性がチマチョゴリを身につけ着席していた。カリフォルニア州選出下院議員のマイケル・ホンダが連れてきていたもの。

総理が話している間、もしも彼女がすっくと立ち上がり、ひたすら無言でいたらどうなるか。わたしは危惧した。メディアはその刹那、安倍演説を忘れてしまう。日本を難じる報道一色になりかねない――。

そんなことは、何も起きなかった。練習のどの回をもはるかに上回る気迫を込め、熱弁をふるった安倍氏の迫力が、安手の介入を阻んだのだろうと想像する。

第6章　歴史への処し方――キャンベラ演説

ここで安倍総理の歴史観について触れておきたい。

いつのことだったか定かではないけれども、ごく少人数で打ち合わせをしていた時、安倍総理がこんなふうに言った。

「先人がした行為について、いまの尺度を当てて良かったの、悪かったのと言える、あるいは当時の人のふるまいが間違っていたからと、謝ることができると思うのは、歴史に対する思い上がりだ」

「ひとは誰でも、時代、時代の条件、制約の中でしか生きられない。その、当時の制約がどんなものだったか今では知ることができないのに、どうして先人の行為を取り出して、謝ることができると思うのか」

筆者は聞きながら、こんなふうに考える宰相のもと働くことができていること、のみならず、外交政策についてはその言葉を最初に紡ぐ大役を与えられていることの幸福を、しみじみと思った。

安倍総理は、歴史に対して偽善を働くことに対し、潔癖だった。

そして歴史とはしょせん後生の浅知恵などが入り込む余地のないものだと考えるところに、保守思想の精髄はある。

安倍氏はそれを体現している人だと、わたしは思った。ふと小林秀雄の有名な「放言」(『近代文学』誌一九四六年二月号所載座談会における小林「利巧な奴はたんと反省してみるがいいじゃないか」発言)を思い出しもしたが、ここはそんなことを論じる場ではない。

一般に、ひとは罪を認める場合、いくつかの帰結を想定する。

① 刑法上の罰に相当する罪である場合、法律が明示する罰のどれに当たるか議論になる。手続きを経たのち、科料で済む場合があれば、死刑になることもある。

② 罪は相手になんらかの損害を与える。これを民法上清算するため、賠償が必要になる場合があり得る。

③ 親しい友人に何か裏切りを働いたというような場合、右①、②いずれにも該当しないかもしれないが、心の負い目が生まれ、容易に消えない。その友人との関係は途絶える

か、変わってしまう。

④　そして「罪」はいつか世間に知れ、当人の声価（レピュテーション）を損なうだろう。ところでいま、数世代前の父祖たちがなした行為を罪と認め、現代を生きる政治指導者が謝ってみせ、神妙に頭を下げたとしよう。

その場合くだんの政治指導者は、右に列挙したどの結末をも甘受する必要がない。安全である。

損害補償の制度を作ったとすると、右の②に該当するかに一見思えるけれども、補償の対象は、とっくに世を去った被害当事者自身の逸失利益ではない。現世の利益だ。当該政治指導者にとって潜在的票田の利益ですらあり得る。

最大のアイロニーは、政治指導者は罪を認めて謝罪すると、罰を受けるどころか、賞賛を得ることだ。「ごめんなさい」と言ったら誉めてもらえるのである。いい子ねと、親に言ってもらうごとくに。

だとすると、数世代を経て謝ってみせた父祖の犯した罪なるものの重さは、しょせんその程度のものだったのか？

お父さんの壺、割ったの僕です、許してください、おおそうか、よく打ち明けたな、告白したんだから許してやろう、——という底《てい》の。

一連のプロセスには、はなはだ「まこと」を欠くものがある。「信」や「実」の字を充《あ》てる「まこと」だ。それが、ない。

要するに著しく偽善的なのである。歴史にかこつけて反省ヅラしておきながら、その実おのれの利益を図るのである。これを偽善と呼ばずして、何をそう呼ぶべきか。

「歴史戦」に立ち向かう

歴史解釈に関し安倍内閣を苦しめ、さらにいえば日本国民の尊厳を著しく傷つけたのが、韓国とのあいだの慰安婦問題だった。

日本軍の行く先々でセックス・サービスを提供したいわゆる慰安婦は、日本人女性の場合も朝鮮人女性の場合も、実家が貧しくなければまず従事しないであろう職業に押し出されて就いた事情からして、貧困を根因として存在した。

他に選べる職業とて多くはなかった場合、また実家が重債務の罠《わな》にはまり込んでいた場合、当該女性は自由意志によって道を選んだとは言いがたい。

戦争がなければ需要は小さく、多くの供給は必要がなかった。日本軍の戦闘行為が日本や朝鮮の片田舎から貧しい家の娘を誘引したといえるわけで、ここに広義の因果関係をみてもよい。

だとしても、戦時に盛り上がった特需が多くの供給を作り出したこと、かつ、金銭的代償が各過程に存在した事実は、慰安婦の送り出し、受け入れが、ひとつの商行為にほかならなかったことを示す。

日本軍ないしその意向を汲んだ強制力のある集団が朝鮮の貧村を戸別に訪れ、若い娘をひっさらったなどと、韓国が打ち出すナラティブが当てはまる事実はなかった。あったのは、ディマンドの「プル（引き）」と、サプライの「プッシュ（押し）」で、いずれも強かった。

にもかかわらず、慰安婦問題に関する政府の調査がまとまったとして報告した宮澤喜一内閣の河野洋平官房長官が記者会見で述べた内容が、のちのち日本政府と日本国民に呪いとなってのしかかる。

一九九三年八月四日の会見だ。実はこの時点でも、同内閣に余命のないことは明らかだった。

内閣不信任案可決という異常事態を受け解散総選挙に及んだ宮澤は、選挙結果を受けて七月三〇日時点で自民党総裁を辞任、河野氏に総裁の地位を譲っていた。

同氏は自民党総裁になりこそしたものの、六日後に召集される特別国会で自らが首班指名を受けるなど望み薄だと、既にわかっていた（選ばれたのは、日本新党の細川護熙《もりひろ》氏）。

自民党は、史上初めて野に下る。そこが見えたうえで臨んだ記者会見において、河野氏に「後は野となれ山となれ」の、責任放棄の気分はなかったと果たして言い切れるかは、天のみぞ知る、だ。

問題の発言とは、慰安婦の集め方に関して「強制連行の事実があったという認識なのか」と問うた記者に対し、河野氏が「そういう事実があったと。〔その認識で〕結構です」と述べたものだ。

政府の調査は、強制連行があったと「確認できない」との結論を得ていた。

河野氏はその点を重々承知のうえ、あえて右のような発言に及んだ。韓国や中国から、米国や欧州のリベラル左派系（ということはほとんどの）メディアから、河野氏は賞賛を集め、今日に至る。悪事を認めていい子になった典型例であろう。

一方ソウルの日本大使館正面には「慰安婦像」が二〇一一年に建てられた。

北米各地、さらにはベルリンなどにも同様の像が建ち、説明文に見える文言は「強制性」を強く主張して、見る者の眉をひそめさせ続けている。日本はなんたる犯罪国家か、というわけだ。

安倍政権は韓国と中国がつくって世界に広めた歴史認識に相対し、これとどう戦うか、新しい日本、世界に善をなそうとして尽くす日本のナラティブをいかに押し出すか、長くて苦しい戦いを強いられることになった。

それはまさしく「歴史戦」であって、日本は孤軍、これを戦わざるを得なかった。

諸国が日本に友情を感じ、信頼を置いてくれるのでなければ、日本として達成できない目的があった。それには、中韓が仕掛けるネガティブキャンペーンを、十分に払いのけねばならなかった。

安倍政権は初めて国家安全保障戦略をおおやけにし、国家安全保障会議とその事務局・国家安全保障局をつくりつつ、安保上の機密がもれないよう特定秘密保護法をつくるなど、もろもろの変化を矢継ぎ早に実現させ、脅威に対する抑止力を充実させつつあった。

併せてインドと豪州に声をかけ、日米豪印「ＱＵＡＤ（クアッド）」を始めたうえ、制度化に向け踏み出した。

これらはどれも、台頭する中国が日増しに強める攻勢に対しどの国といえども単独では対処が難しくなる現実を踏まえ、ネットワーク型の安保協力を築いて抑止しようとし、採った施策である。

安倍総理は第二次政権発足と機を同じくして「アジアの民主的安全保障ダイヤモンド」と題した論説を英文媒体『プロジェクト・シンジケート』に投稿、広く読まれた。

横須賀から時計回りにハワイ真珠湾、豪州ダーウィン、インドのコルカタを結ぶと変形四角形となり、ダイヤモンド型に見える。この連なりが、のち安倍氏がスタートさせたQUADにほかならない。

日本はここで、「フォース・マルチプライアー（力を乗数効果で伸ばす存在）」として、要の役目を果たさなくてはならない。

日本はこの際、米国との同盟を一層充実させること、質量とも最も充実した軍事力を米国は国外では日本に置いていること、日米同盟はそれを許し一層伸ばすだけの信頼によって結ばれていることの三点を財産とし、また安心材料として打ち出すことで、インドや豪州に仲間になってもらう必要があった。

日本が犯罪国家として烙印を帯びたままだとすると、パートナー国の政府が国内をまとめきれなくなるかもしれない。

とりわけ豪州と一部米国では中国から移民し豪州または米国国籍を取得する者が多い。彼らは積極的にか否かはともかく、北京の意向に沿う投票行動をする。

豪州で対日関係強化に功績の大きかった自由党（保守派）のジョン・ハワード首相など、自身の選挙区にいつの間にか大量に存在していた中国系選挙民のブロック投票行動で、総理の座はおろか、三三年保った議席それ自体を奪われた（二〇〇七年）事実がある。

ちなみにシドニー北方郊外に位置するベネロングという彼の選挙区は、中国系有権者の流入とともに性格を変えた。左右に揺れ動いては、選挙の度、不釣り合いに大きな影響を与えて今日に至る。

歴史戦を戦う必要の一端は、こんなところにあった。

すなわち日本国の「暖簾《のれん》」に揺るぎのない信頼を培い、米豪印、また欧州では英仏などに、日本を頼りがいのあるパートナーとして認めさせねばならない。

そして対中抑止ネットワークをそれによってつくらねばならないがゆえにこそ、日本を貶《おとし》めようとする勢力との戦いは、手を抜けないものとなったのである（もう一端の理由は、日本国民に健康な誇りをもたせる必要）。

「ココダ、サンダカンを最初にもってこよう」

二〇一四年七月八日、この戦いにおいて最初の、そしてそれ以後の基調を大きく規定することとなる大舞台がしつらえられた。豪州キャンベラ、国会両院総会における演説だ。

安倍総理は魂魄《こんぱく》すべてを込める意気込みで、二〇分超にわたる英語のスピーチに臨んだ。

私たちの父や、祖父の時代に、ココダがあり、サンダカンがありました。

何人の、将来あるオーストラリアの若者が命を落としたか。生き残った人々が、戦後長く、苦痛の記憶を抱え、どれほど苦しんだか。

歴史の暴戻《ぼうれい》を前に、私は語るべき言葉をもちません。亡くなった、多くの御霊に対し、私はここに、日本国と、日本国民を代表し、心中からなる、哀悼の誠を捧げます。

あれは、一九六八年のことでした。一人の日本女性を皆さんが招いてくれたことに、私はいまも、心打たれるものを感じます。

八三歳になる松尾まつ枝さんは、招きを受けてお国を訪れ、亡き息子を偲んで、シドニー湾に日本の酒を注ぎました。

第二次大戦中お国の攻撃を図り、湾に沈んだ小さな潜水艦に乗り組んだのが、松尾さん

の子息でした。

その勇猛を長く記憶に留めた皆様は、勇士の母を日本から呼び寄せてくれたのです。なんたる、寛容でしょうか。

Hostility to Japan must go. It is better to hope than always to remember.

（日本に対する敵意は、去るべきだ。常に記憶を呼び覚ますより、未来を期待するほうがよい）。

戦後、日本との関係を始める際、R・G・メンジーズ首相が語った言葉です。

再び日本国と日本国民を代表し、申し上げます。皆さんが日本に対して差し伸べた寛容の精神と、友情に、心からなる、感謝の意を表します。

私たちは、皆さんの寛容と、過去の歴史を、決して忘れることはありません。

「私たちの父や、祖父の時代」に起きたことについて、安倍総理はここで謝罪の言葉を述べていない。

歴史の暴戻（理屈で説明できない非道）を前に言葉を失うと言い、哀悼の意を捧げたのち、調子を転じて「私たちの勇者を称えてくれた、皆様の寛容」を忘れないと言っている。

これがひとつの雛形となって、同様のロジックは、米連邦議会演説に再び現れる。のみならず、二〇一五年の終戦記念日を前に安倍総理が発表したいわゆる「戦後七〇年談話」でも、骨格をなして、維持されることとなった（筆者は談話に関与していない）。

ところで手元の記録によれば、「ココダがあり、サンダカンがありました」という一節は、原稿第三版まで、真ん中辺りに置いてあった。

安倍総理に初めて見せたのが、この第三版だ。

ココダとは、わが国では一般にニューギニア・ポートモレスビー作戦の一環として語られる激戦地の名称。豪州軍に相当の被害が出た。

ボルネオ島のサンダカンとは、日本では山崎朋子著『サンダカン八番娼館』で「からゆきさん」が行き着いた場所として知られる。

一方豪州では、先の大戦で日本軍の捕虜となった豪州軍兵士が同地からラナウに徒歩移動を強いられるなか、史上稀に見る激しい損耗を生んだ「死の行進」の舞台として記憶されてきた。

わたしはこれら地名に多くを語らしめるつもりでいたものの、安倍総理の反応について当時まだ十分読み切れず、原稿の中盤に、ややおずおずと入れてあった。

その段階の第三版を見ている総理に、ココダについて、またサンダカンについて、わたしが補足的説明をしようとすると、総理はどちらについても先刻承知していたことがわかった。

当時の歴史について、安倍氏は生き字引的な知識をもっていることに遅まきながら気づいた瞬間である。

さらに驚かされたことには、「ココダとサンダカンは、聞いている人の関心を呼ばないといけない箇所だよね。だったら最初にもってきたらどうだろう」との指示が出た。

結果は、総理の正しさを証明することとなる。

「ココダがあり、サンダカンがありました」と言った辺りで、議場には「あっ」と、声にならない声が走った感じがあった。

あとで知ったが、この瞬間から、傍聴していた記者たちがいっせいにツイートを始めた。「日本の首相のシンゾー・アベが、ただならぬスピーチを読んでいる」というように。

ツイートは内容を伝えて盛り上がり、二〇分と少々かけて総理が読み終えるまでには、歴史的演説である、すばらしい内容だったと、豪州国内における同演説の評価が、すでに固まっていた。

メンジーズ首相の「許しのメッセージ」

ここで、話はやや遡る。

シドニー出身、東京でディズニーやフィリップ モリスなど名だたる外資系企業の日本法人代表を務め、仕事やプライベートで始終日本と往来していたジョン・フィーニー氏なるオーストラリア人が、英国ロンドンの著名な日本人ハルコ・フクダ（福田晴子）さんにオマエのことを聞いたといって、官邸の、その頃まだ内閣審議官として働いていたわたしの小部屋へやってきた。

彼がもたらしてくれたのが、ネヴィル・ミーニーという豪州で名のある歴史家が著《あらわ》した日豪関係に関する本だった。

たくさんの図版を含む大判の同書をめくっているうち、戦後日豪関係再発足の事情につき、わたしはある感動の一節に行き当たる。がその前に同書によりつつ説明を補っておくと――

一九五四年五月、フランスはベトナム最後の拠点ディエンビエンフーから共産勢力によって追い出された。

事態の展開を見越し、同年年明け早々、米国は日本を西側陣営に繋《つな》ぎ止めねばならないと考えて、関税と貿易に関する一般協定（ＧＡＴＴ）における最恵国待遇を日本に与えることとし、他の国々にも働きかけた。

同年一月四日ジュネーブ発ＡＰ電を掲載した朝日新聞記事（五日付夕刊）によると、日本のＧＡＴＴ加盟に「英本国とオーストラリアが強く反対」し、見送りになっている（植民地本国という意味合いで「英本国」なる呼称が用いられていた）。

ただし同協定上の最恵国待遇を与えることでは広範な一致を見て、豪州はディエンビエンフー陥落の二カ月後、「向後数年、日本が共産中国と盟を結びかねない恐れがあることを考慮し」対日通商政策の緩和に踏み切ったと、ミーニー前出本にはある。

既に英米とも対日最恵国待遇適用に踏み切ったのち、同様にするよう豪州に圧力が加わるなか、今後の豪州対外通商関係が英本国より日本との間で伸びるだろうことをも考慮に入れて、時のメンジーズ豪州首相が述べたという、次の一語――、

「日本に対する敵意は、去るべきだ（hostility to Japan must go）」

日豪通商関係の正常化から正式な通商協定締結までの歩みがどれほど困難を極めたか、とりわけ豪州サイドに根強く残る復仇感情のせいで豪州政治家をいかに困難な立場に置い

たかは、今日の常識からすると想像に余りある（経済学者の遠山嘉博氏の研究が参考になる）。

双方障害を乗り越え、一九五七年七月六日日豪通商協定の調印なって後、翌年八月に、シドニーのマーク・フォイズという百貨店が日本の美術工芸展示会を開いた時だ。

開会セレモニーに、メンジーズ首相が現れて言ったという。

「わたしたちは、一滴一滴、能《あた》う限り、友情の流れを育《はぐく》まねばなりません。憎悪を育てたり、いつまでも敵意を抱いたりする代わりに、心からなる許しのメッセージを携《たずさ》えて、日本に参りましょう」

――経緯を知ったわたしは、感動にとらわれた。

戦争において敵＝日本から受けた損害、恐怖や屈辱と、それが生み出す憎悪の感情には、豪州において極めて根深いものがあった。

そのことを、ひととおり知っていたつもりではいた。

けれど戦後の豪州で、日本との交際に関してオーストラリア人自身が省察を積み重ね、国内政治の対立を乗り越えまでしていたことなど、ろくに知らなかった。

遂には「このようにして我々は日本を許す」のだと、自分たち自身に対する言葉を編み出し、自ら壁を乗り越えていた事実について、なにひとつ、知らずにいた。

無知を恥じる痛切な感覚が来たあと、次にわたしは、「よくもまあ、許してくれて、ありがたい」と、相手の気高さに頭《こうべ》を垂れて感謝したい感情が、自分のうちに湧き上がってくるのを感じた。

そしてわたしが想像したとおり、安倍総理はこの感情の動きに全面的に共感してくれた。安倍氏にとっても、過去をかえりみるに際し、最も身の丈にあい、うそ偽りのない振り返り方だったのである。

敷衍《ふえん》してみよう。図式化などに馴染むものでは元来ないが、ロジックの流れはこうだった。

①　父祖たちの行為について、現代を生きる自分は謝ったり、詫びたりできないし、してはならない。むしろそうすることは歴史に対する思い上がりになる。

②　過去の行為がもたらした帰結について、もはや取り返しはつかず、片々《へんぺん》たる謝罪ごときが救済できるものではさらにないが、だったらなおのこと、静かに目を閉じて、頭を垂れてみるしかない。

③　こみ上げるのは、溜息のような感情である。ああ、なぜ、あんなことを。歴史の全体

に対する、悔やんでも悔やみきれない気持ちだ。せめてそのことを、言葉にすることはできる。

――と、ここのところは、米議会演説で、「悔悟」という言葉になった。第5章で述べたように、そのふさわしい英訳を探し、リペンタンスなる一語に行き着くが、この語にはキリスト教的文脈に置いたとき独特の重みがあって、訴える力をもった。

④ 先方はというように、わたしたちがさしたる関心を払わずにいた戦後当初の時期を含め、日本のことを許すべきか、許さざるべきか、内心の行きつ戻りつを重ねながらも、どこかの時点で許す決断をしてくれていた。

⑤ その決断に至った寛容の精神と、気高い心ばえ、勇気に、わたしたちは再び頭を垂れたいと思う。

⑥ しかも戦後日本の発展は、貴国が日本を許したそのうえにおいてのみ、成り立ったといえるものだ。日本はあなたがたに、多くを負っている。このことに、心からなる感謝をささげたい。

――と、そんなふうに、ロジックは形をなした。

許してくれたあなたの寛容に、心からなる感謝を捧げたい、とすることで、自分の気持ちに忠実になれる。和解の恩恵に浴した当事者として、偽りのない感情を表出することができる。

まさにこうしたロジックを形にしたのが、キャンベラ・スピーチだったのである。

李克強に一泡吹かせた「盟友」

最後に、安倍演説に対するオーストラリアからの具体的な反響を幾つか紹介しよう。

構想段階で相談に乗ってもらった当時の駐日豪州大使ブルース・ミラー氏は終わるや否や興奮を隠せないようすで、「言葉が見つからない。それくらい、ともかく、良かった」と言ってくれた。

ときの豪州首相は自由党のトニー・アボット氏。あまたの国の数多い指導者と親疎いろいろの関係を築いた安倍総理にとって、アボット氏くらい、信頼を寄せ、強い友情を感じた相手はいなかった。

やがて、マルコム・ターンブル氏に追い落とされ、首相の座を去ったとき、何かの用で総理室に入って「残念でしたね」と水を向けると、眉間に深い縦皺を寄せて、安倍総理は「あぁ、残念だった、ねぇ」と、溜息とともにそう言った。

それにはおおいに理由があった。先に、歴史戦を戦うに当たって日本は孤軍だったと述べたけれど、アボット氏は自ら日本の弁護役を買って出て、中国をやり込めたりしてくれたのである。

度胸はあるし、温かみもあるという、安倍氏が好む人物像をよく体現するのがアボット氏でもあった。

くだって二〇二二年二月二一日、アボット氏はハンガリーのブダペストにある保守系シンクタンク（ダニューブ・インスティテュート）に招かれ、「歴史の教訓」と題したスピーチをこう始めていた。

しばらく前のことになりますが、ビルマ《ママ》で東アジア・サミットがあったとき、わたしは日本の安倍晋三、中国の李克強、ブルネイのスルタンと、なんとなく一緒に立っていました。

李さんは安倍さんに、日本は戦時中にどうたらこうたらと、まぁ非難がましい話をしてる。だから注意を逸《そ》らしてやるつもりで、スルタンの腕をつかんで「英国の植民地主義に、あなた、さぞかし怒ってるでしょう」と言ったんです。聞こえよがしにね〔ブルネイは英領だった」。

するとニ人がこっちを向いたから、李克強さんにわたしは意見した。「歴史ってのは先生とするにはいいけど、ご主人さまと戴いて仕えた日には、ひどいもんですよ」と、そう、ね。

スピーチの日付は、ロシアがウクライナに侵攻を始める三日前。アボット氏は、ロシアと中国を一方に置き、米英豪日を対比させる構図を打ち出し、自由世界は自分たちを偉大にしたものが何かということに自信を持つべきだと結んでいる。

同じ価値観から、アボット氏は衆人環視の中、李克強氏に一泡吹かせた。安倍総理にとって頼もしい盟友だったわけである。

なお、History is a good teacher but a bad master というシャレの効いた表現を、アボット氏は好んで何度か使った。中国や韓国に対する反撃として確かに効果的である。

こうして準同盟関係として深化を遂げた豪州には、アボット氏ののち、安倍政権の期間中、マルコム・ターンブル、スコット・モリソンという二人の首相が同じ自由党から現れる。

ターンブル氏は、浩瀚《こうかん》なメモワールを出版し、ＴＰＰを作り出すうえで安倍氏の指導力がことのほか大きかったと賞賛している。

空襲の地でのサルベーション

モリソン氏は、日本の首相として初めてダーウィンを訪れた安倍氏に同行、戦没者の慰霊碑に一緒に献花したときのことを、のちのち「最も忘れ難い瞬間」だったと語っている。ダーウィンは豪州の北部要港だ。米海軍との連携を絶とうとした旧帝国海軍は、真珠湾攻撃以上の態勢でダーウィンを空襲した。

実損はさほどではなかったが、豪州における集団心理に及ぼした影響は今日に至るも大きい。他国軍の直接攻撃にさらされ衝撃を受けたという意味で、ダーウィンは豪州にとっての「真珠湾」である。

同地に安倍氏ならびに昭恵夫人と訪れたモリソン首相は、感無量のものがあったらしく、当時のことを幾度も口にするようになる。

このとき、二〇一八年一一月一六日、日豪共同液化天然ガスプロジェクトの本格始動を寿《ことほ》ぐ集まりに立った安倍総理は、機会をとらえて短いスピーチをした。

旧日本軍が沈めた船が擱座《かくざ》して残り、港湾として利用できないままになっていたダーウィン港に、日本人のサルベージ業者・藤田柳吾氏が現れる。日豪通商協定がなって間もない一九五七年のことだ。

船上で暮らし、黙々と船の解撤《かいてつ》に勤《いそ》しんでは、銅の廃材を加工し十字架にして近くの教会に寄贈した日本人は、静かな関心を地元に作り出す。と、紹介した安倍総理は続けて、

「**程なくして芽生えたのが、互いに対する敬愛です。ほかならぬダーウィンで、最も早くから日豪の和解が始まったのです。サルベージは、サルベーション（魂の救済）をもたらした。赦《ゆる》しがもつ力の偉大さに、私は、感動を禁じ得ません**」

と述べた（豪州ダーウィン「イクシス式典」における安倍内閣総理大臣挨拶「サルベージ、サルベーション、魂の友人に」）。ここに見られる心の働きが、豪州国会や米議会演説におけるそれと同様であることを納得いただけるだろう。

ダーウィン沖の海底には、攻撃に失敗して沈んだ帝国海軍伊号第一二四潜水艦が横たわっている。水密ハッチは開いていない。もしかすると艦内には、制服を着たご遺体が白骨化し、そのままに眠っている可能性がある。

遠い外国《とつくに》に来て、攻撃の意図を果たせぬまま、無念を忍んで眠る日本の海軍軍人たちに

深い興味を持ち、八方手を尽くして全乗員八〇人の姓名を明らかにしたうえ、地元や連邦政府を動かして補助金を獲得、慰霊碑を建てた人がいる。

トム・ルイスという研究家。安倍氏は演説でその貢献を紹介した。

換言すれば、われわれの父祖たちの勇猛を称え、敵ながら天晴《あっぱ》れと、武勇を顕彰してくれているのである。豪州国会での演説にも、シドニー湾へ突入した特殊潜航艇のエピソード、なかんずく戦死した若者の母を豪州が招いてくれた逸話が登場していた。

日本はなるほど、戦争に負けた。しかし戦いに臨んで命を惜しまなかった将卒一人ひとり――われわれの父祖世代の行為が、無だったのではない。

むしろ英雄として称えてくれたのは豪州であり、第9章でみる真珠湾における米国だった。これに感謝することで、戦いに斃れた父祖たちの復権を果たし得たことは、安倍総理の残したレガシーである。

ところで、豪州国会での演説で、安倍氏は自ら思い立ち、トゥデイ・イズ・ザ・デイ（今日こその日）を二度、トゥダイ・イズ・ザ・ダイと、あえて豪州訛《なま》りで読んだ。

二度目に気づいた議員たちは小さく笑ってくれたが、一度目は完全スルー。自分たちと同じ発音を聞いて、気にしなかったわけだ。

演説を野党議員の一人として聴いていたアンソニー・アルバニージ氏はのち、二〇二二年五月二三日に豪州首相となった。安倍氏が深い友情を築いた三代の首相と違って労働党の人だったが、安倍氏物故を受けて豪州国会でとくに演説、安倍氏の豪州国会演説に言及して、「わたしたちの寛容に感謝してくれた」こと、「ダーウィンに行ってくれた」ことを語った。その態度は真率そのもので、目には熱いものがにじんでいるかに見えた。

第7章　岸信介の米議会演説――継承されたもの

重要な外交の節目に立ったび、同じ場所を岸信介が総理としてかつて一度歩いていたことを知る。――自分の外交は、祖父の足跡をあたかもなぞるようにして進んでいると、安倍総理は折節感じていた。

戦後七〇年に当たる二〇一五年の四月、奇《く》しくも昭和天皇ご誕生の日に当たる二九日（日本時間では三〇日）に実行した米議会における演説が、まったくそれだった。

岸信介総理は、昭和三二（一九五七）年の六月、米ワシントンのキャピトルヒルを上って、居並ぶ下院議員たちを前に朗々たる声で演説していた。

筆者にとって旧知、飯久保廣嗣《ひろつぐ》さんといって、米インディアナ州名門デポー大の出、「ロジカル・シンキング」を本邦で広めた草分けといえる年輩の方から、実は渡したいものがあると、某日告げられた。

飯久保さんがもたらしてくれ、奇跡のように現れたのが、岸演説の録音テープだった。冒頭部分に、ワシントン訪問中の総理日程を短く紹介するアナウンサーの声がある。NHKラジオ用だったのだと思われる。それにしても、こんなものがあったとは……。

外務省をせっつくと（当時の兼原信克内閣官房副長官補に頼んでやってもらった。こういうときは外務省プロパー大幹部の威光がよく効く）、北米局の書庫からであろう、すぐに岸演説の原稿も現れた。

機密扱いの指定がかかっていたのではない。そもそも一度世間に向かって、外務省用語でいうと「発動された」演説原稿を、どうやれば秘匿できるのか。

だというのに、岸演説については安倍総理本人を含め、誰も見たことがなく、いわんや聞いたことなどなかった。

国際政治学者の田中明彦氏がつくり、歴代首相の内外演説を網羅したサイトには、同じ外遊期間中に実施した「岸信介内閣総理大臣の〔米ワシントン〕ナショナルプレスクラブにおける演説」は収まっていても、もっとはるかに大切な議会演説は載っていない。

存在を知る専門家もしたがって皆無に近かったという、面妖な歴史をもつ原稿である。

総理室で、その録音を初めて聞いたとき見せた安倍総理の表情は忘れ難い。やや甲高い、そしてよく通る、いかにも懐かしい祖父の声である。
戦後わずかに一二年。米国は、日本防衛を条約上の義務としてまだ約束していない。それなのに、

「議長ならびに議員諸君」――！

演説は、日本の国会におけるとまったく同様に、議会の同僚・同輩に対する呼びかけをもって始まっていた。

彼我《ひが》の国力、立場の差たるや歴然だった。にもかかわらず齢《よわい》六〇の、ということは自分とまったく同年（当時）の祖父は、背筋のぴしっと伸びたところが声からして十二分に窺《うかが》える堂々たる態度で、日本を打ち負かした国の議事堂に乗り込み、米議員たちを前にこんなふうにやっていたのかと、いかにも感じ入っているふうに見えた。

確信的な少数派として

日本を褒める、良く言うなどは知識人にあるまじき所業とされた戦後の言説空間で、いわゆる保守思想の持ち主は徹底的な疎外の憂き目にあった。

排斥されたペイトリオット（愛国思想の持ち主）たちはしたがって少数派だったが、な

かでも日本の将来は米国との堅固な関係抜きに成り立たないと看破した者は、さらに少数だった。だから少数派の、そのまた確信的少数派だったのが岸信介だ。

愛国者なら、米国からの「真の独立」を追い求むべし。米軍の存在を許し半植民地状態に甘んじるなどもってのほかと、岸は（そして岸の時代から六〇年経た安倍氏の場合も同様に）右翼からの攻撃にもさらされた。米国の走狗《そうく》に成り下がったかと。左翼はもちろん岸（そして安倍氏）を蛇蝎《だかつ》の如く嫌い、憎んだから、攻撃は、実に左右の両翼からきた。

実際、岸の場合、一九六〇年七月一四日、既に退任し、替わって自民党新総裁に池田勇人が就任したのを祝う総理官邸庭園で開かれたレセプションを終え玄関に向かおうとしたところを、荒牧退助なる岸より一年年長で当時六五歳の右翼崩れによって刺される経験をしている。凶器は刃渡り一三センチメートルの登山用ナイフ。

「左尻の辺を六回突刺し依て同人に対し左臀部及び左大腿部後側に約二週間の安静加療を要する六ヶ所の刺傷を負わせた」（東京地方裁判所昭和三五年（刑わ）三五二八号判決）とのことで致命傷ではなかったが、六回も刺すとは、物騒なことこのうえなかった。

それにしても岸ほど長く、悪魔のように嫌われた政治家はいない。「妖怪」と題名につけて岸を論じた本は、いま買えるものだけで少なくとも四種類ある。人間扱いしたくなかったとみえる。

やっと一九九五年に岩波新書（!）から原彬久氏の評伝（『岸信介　権勢の政治家』）が出て、岸が治者として、国益の増進においていかに現実主義者であったか、観念の遊戯と無縁であったか、ポジティブな見直しが始まった。総理を退いて実に三五年後に、である（してみると安倍氏も二〇五五年までは待たねばならないかと、そう記したあとで、安倍氏は殺されてしまった）。

戦後日本の礎石

岸は満洲国で新国家のデザインとその運用に腕を振るったのち、日米開戦時の東條英機内閣に商工大臣の要職を得て加わった。

やがて東條を首相の座から降ろすうえで決定的役割を果たし、その後も反東條の立場を貫いた。

とはいえ戦後は開戦を共謀したカドで（これがいわゆるA級）戦犯被疑者として占領当局に逮捕され、巣鴨の拘置所に拘禁された。

不起訴処分となり、東條らが刑死した翌日放免されはしたけれど、こんな閲歴であるから、米国何するものぞと、自ら恃むところにおいて強いものがあっただろう。

ところが岸信介は、治者の目、地球儀を見るように日本を常に上から俯瞰する目の持ち主である。おのれ一個の感情などに判断を曇らせ、縛られることはない。

岸にとって、米国の陣営に留まるほか日本に生存の余地がないことは自明であった。そして米国キャンプの有力な一員であることを米国要路にとくと得心させない限り、日米安保条約改定、さらには沖縄返還など望めないことも、また火を見るより明らかだった。

吉田茂が米国と結んだ一九五一年の条約は、米軍に日本の基地使用を許しておきながら、いざというときの日本防衛義務について無言だった。そこを双務的にし、日本防衛を条約上の義務としてなんとか書き込ませねばならない。

それこそは、岸が畢生《ひっせい》の一大目的としたところだ。

米国では軍籍に入るとき、また将校として任に就く際、いずれも誓詞（oath）を述べる。どちらの場合の誓詞も、「内外のあらゆる敵に対し米国憲法を支え、防衛する」で始まる。

そして条約の履行は米国憲法が定める義務にほかならないから、日本防衛を義務として条約文言に書き込ませた岸は、米国全軍人に、未来永劫日本を守ると、厳かに誓わせたも同然だった。

戦後日本の安全を支え、また安全が保障されてこそ花開いた経済的繁栄をもたらした礎石がこれであったからには、岸こそは、戦後日本建設の祖、偉大なアーキテクトだったと呼ぶにふさわしい。

単身、米議会で訴えたこと

以上を当時の事情とし、また岸が目的としたところの素描として、一九五七年の岸演説を眺めると、そこにはあくまでも目的に対して合理的たろうとし、徹底した、リアリストの面目まさしく躍如たるものがある。

いま、残された和文タイプのテクストでなく、そのうえさらに修正され実際に発動された版、すなわちNHKの録音から書き起こして冒頭ちかくのパラグラフを再現すると、岸は次のように言っていた（音源では声に張りのあるのがわかってそこに決意が窺える。再現できないのがもどかしい）。

近代民主政治の形成発展の跡を見守ってきたこの演壇、そしてまた日本を含め、新たに

生まれた民主主義諸国の典型となったこの国会の演壇に立ちまして、私は、民主主義の理想に対する熱情を新たにしたのであります。

今日、日本は、真に民意に立脚した強固な政治の基礎を築くため、誇りと、堅い決意をもって邁進しております。

われわれは、個人の自由と尊厳を基礎とする、民主主義の高遠な原則を信奉するものでありまして、国を挙げてこの使命達成に全力を傾倒しております。

日本が世界の自由諸国と提携しているのも、民主主義の原則と理想を確信しているからにほかなりません。

私は、自由世界の側に与《くみ》しているのは、自由、正義、平等という民主主義の原則に依《よ》らざる限り、真の平和もなく、安全もなく、また、真の進歩も、幸福もあり得ないと信ずるからであります。

通訳を務めた島内《しまのうち》敏郎在米日本大使館一等書記官（当時）が右の部分を英語にしているうち、拍手の第一波が押し寄せた。録音にはそこがよく残っている。

本演説が当時日本に広く伝わっていたなら、反動右翼国粋主義者の戦犯が何を血迷って民主主義を口にするかと、マスコミ主流と識者の大半から嘲弄、冷笑、はたまた憤怒を買っていたかもしれない。

もしやそれが、本演説をお蔵入りさせた理由だったか？　などと憶測をたくましくしたくなる。それほど岸の言明は当時の風潮において突出して果断な、断固たるものだ。

共産陣営（ソ連・中共）につく日本に将来などあり得ないと考える理由として、民主主義によらない限り「真の平和もなく、安全もなく、また、真の進歩も、幸福もあり得ないと信ずる」とする波状的な畳み掛けの論法には、信念を打ち出す時ならではの高揚がある。「個人の自由と尊厳を基礎とする、民主主義の高遠な原則を信奉するものでありまして、国を挙げてこの使命達成に全力を傾倒して」いるのだと、ここも岸の自己認識では真実そのものだったろう。

岸は安全保障で国家の土台を確かなものとするかたわら、国民皆保険など、近代的福祉制度の充実に大きく力を割《さ》きつつあった。

絶対的貧困を残したままでは社会に不公正を育て、それが共産勢力浸透の温床となりかねない。

弱い警察は、市民や学生をむしろ街頭での抗議活動に誘い出し、秩序を壊してまたもや共産勢力に好餌《こうじ》を与えることとなるから、警察力の抜本強化も必要だ。

　そんなふうに岸においては、安全保障の強化と警察力の充実という一見硬派の政策から、社会福祉の拡充というソフトな策に至るまでが、すべて一点、日本社会を強靭にし、政治社会制度の充実に向け大河の流れをつくる目的に収斂《しゅうれん》したものではなかったか。

　だとすれば、すべては日本が自由と民主主義を奉じ、すなわち共産主義独裁に陥る道を排して、東アジアで一人すっくと立つ国となるためのこと。

「真に民意に立脚した強固な政治の基礎を築くため、誇りと、堅い決意をもって邁進して」いるのは、岸自身だった。演説は、岸内奥の告白だったとみて、そう外れてはいまい。

　これは岸が米議会のど真ん中に単騎乗り込み、全力で訴えてみせた、不平等条約改正の訴えだ。それでこそ、本来の一大目的——日米安全保障条約の改正・双務化というゴールラインに、少しでも近づくことができるはずだ。

　岸にとってこの演説は、一世一代の大一番だったと思える。そこに、保守愛国思想の持ち主でありながら、同時に透徹したリアリストだった岸の岸たるゆえんをよく見て取ることができる。

　そしてすでにお気づきのとおり、岸を安倍と入れ替えて妥当するところが少なくなかった。初めて岸演説の録音を聞いたときの安倍総理は、咄嗟《とっさ》に、そのことを知覚したのではないかと想像する。

岸演説はいかにつくられたか

さて存在自体が忘れられた本演説の作成過程がどんなものだったか、通訳の島内も鬼籍に入って久しい今、確かめる術《すべ》はない。

英文自体の出来映えは驚嘆すべき水準だ。かつその英文タイプでこしらえた草稿各ページの末尾、余白には、次ページ始めに現れる一語が記されている。

これは原稿をめくる僅かな合間に続きがわからなくなり、読み飛ばしてしまうのを防ぐ工夫と見え、なるほどと感心させられる。

それよりなにより、音源の教えてくれるところ、英訳を読み上げるヘンリー島内（と呼ばれていた）の英語は、美しい、の一語だ。

本邦外務省員で、彼ほど英語を話して惚れ惚れする響きの、深みのある低音の声を持っていた者はいただろうか。そんな声で朗々と英語をしゃべった者は、その後果たして現れただろうか。

すなわち英訳自体が熟練の作であるうえに、音声面でも奇跡的出来映えに聞こえるものだから、つい、英語が先にできあがり、あとから逆翻訳で和文をつくったのではと思いたくなる。

しかし島内は、やはり翻訳・通訳の任に留まったのであろう。

日本が国連加盟を果たし、代表として国連総会に出た重光葵《まもる》外相の演説（岸演説の前年、一九五六年だ）がどうできたか調べた研究（神山晃令「重光外務大臣の『東西のかけ橋』演説草案」、『外交史料館報』第三〇号）によれば、外相の離日前、外務省内で何度か改稿があった。

その成案を英訳したのが、在米日本大使館にいた島内だったとある。岸の場合も、やはり翻訳と通訳に徹したと想定すべきだろう。

戦後まだ一二年、主権回復からわずか五年しか経ていない時期に米国下院議員たちに主張の隅々まで曇りなく理解させ、あまつさえ感動すらさせるべくして、よくもかくまで有能な翻訳・通訳官がいたものである。

島内はのち、一九六九〜七〇年、在スウェーデン大使（ノルウェー兼轄）を務めた。子息は島内憲・元駐ブラジル大使。父がちょうど岸の翻訳・通訳をしていたころ、米国ワシントンの小学校へ通っていたという人だ。
ブラジル大使を務めて退官した島内憲氏自身、岸の通訳をする父の音声を収めた音源のことは知らずにいたのだが、同氏が語るところによると、敏郎は移民一世で、カリフォルニア州にあるリベラルアーツの名門オクシデンタルカレッジを一九三一年に出た。

しかしその七年前に成立した排日移民法のせいで、米国籍を取ることが許されない。結局三四年、日本に戻る。外務省に入って、戦後は極東国際軍事裁判（東京裁判）、サンフランシスコ講和会議など重要な舞台で通訳を務めるうち、米国へ赴任することとなったようだ。

米国での暮らしで使い慣れていた名がヘンリーで、変声期の重要な時期にもっぱら英語を話して身につけたのが、あのディープな声だったのであろうと想像する。

ちなみにオクシデンタルカレッジの同窓生には、のち国務省に入り、ヘンリー島内を思い出して日本語を専修、一九六六〜六九年という沖縄返還交渉たけなわの時期に駐日米国大使を務めたU・アレクシス・ジョンソンがいる（故宮澤喜一元総理の孫で女優・タレントの宮澤エマも同大出。これはまったくの余談）。

岸外交の戦略性

岸の政権は一九五七年二月～六〇年七月まで三年と五カ月続いた。総理官邸や国会周辺はその間おおむねいつもデモ隊の波に覆われ、「岸を殺せ」と叫ぶ群衆の間を縫わなければ移動さえできない。外交など落ち着いてできそうにもない環境だった。

かつまた当時日本航空が主力としたプロペラ機ダグラスＤＣ６の巡航速度は六〇〇キロメートル台で、八八〇キロを出して本格的首脳外遊時代を招き入れたボーイング７４７機よりかなり遅いから、効率のいい目的地歴訪ができなかった。

それでいて岸の外遊は、任期との見合いで頻度において少なくないうえ、振り返るに、はっきりとした戦略性に満ちている。

訪米してアイゼンハワー大統領とのるかそるかの話をするに先立つこと二週間に満たない時期、岸は一九五七年五月二〇日～六月四日の日程のもとビルマ（現ミャンマー）、インド、パキスタン、セイロン（現スリランカ）、タイ、中華民国（台湾）を相次いで訪れた。

その意図を岸は「私がアメリカに行くには、非常に準備したんですけれども、現職の総理（は吉田茂以外戦後誰も訪米していなかった）がアメリカへ行くその前に、東南アジアを回って、とにかく『アジアの日本』というものをバックにしたいという考えがあった」のだと述べている（原彬久編『岸信介証言録』毎日新聞社）。

これは喩えていうならば、アジア諸国に新株発行増資を引き受けてもらい、充実した自己資本をもって米国に臨もうという話だ。

一対一で米国と対したのでは、彼我の国力の差からして勝負にならない。だがアジア諸国を歴訪し、先々で歓迎を受けた様子をワシントンに知らしめた後でなら、先方の見る目が少しは変わるであろう。

と、そう計算があってのことだったのは、「アジアの発展のための指導役として日本の使命を尽くす」、「これらの国々から日本が信頼されなければいけない」と、アジア歴訪を先行させた動機を語った語り口から明らかだ（原前掲書）。

訪れたなかでは、インドが圧巻だった。当時のインド首相ネルーが自伝に記したところに従うと、五月二三日、岸を迎えた歓迎の宴で立ったネルーはこう言った。

「**まだ若かった自分に影響を与えたのが、一九〇五年の日露戦争だ。日本の勝利は私の熱意をかきたてて、新聞が毎日続報を伝えるのを待ちかねた。それからたくさん日本関連の本にお金を使って、昔のサムライの話やラフカディオ・ハーンのいくつかの話を好んだ**」

とこれだけで、敗戦国の指導者・岸には心を鼓舞《こぶ》されるものがあっただろうが、ネルーはデリーに集まった無慮一〇万の群衆の前に岸を連れ出し、「ここに立つ人こそは、わが尊敬措《お》く能わざる国・日本の指導者岸首相である」と紹介、岸はもしかすると生涯で最も多い聴衆から最大の喝采を博してもいる。

岸が訪米を前に「非常に」やったという準備には、自民党幹事長時代から週に一度続けた英会話の練習があった（『ニューズウイーク』誌のコンプトン・パケナム太平洋支局長が教えた）。

アイゼンハワー大統領とゴルフをする、ニューヨークのヤンキースタジアムで、客席から放り投げる形式で始球式をする、など、訪米中に広報効果を狙って実施した行動は、離日以前に準備を重ねたものであろう。米政財界とコネクションをもつパケナムらの人脈を、大いに働かせたらしい。努力の傾注ぶりもなまなかではない。

ワシントン郊外、名門ゴルフコースに行く当日の朝は、アイゼンハワー大統領自ら日本大使館に立ち寄り、岸を拾って行った。

「米国の大統領についてこんなことは普通考えられない」と、当時大使だった朝海《あさかい》浩一郎は驚いている（岸信介伝記編纂委員会編『人間岸信介　波瀾の九十年』所載、同人のコラム）。

くだって一九五九年に入ると、夏にまる一月をかけ、バチカン（教皇に謁見）、英国

（現首相のほか元首相のチャーチルに会う）、西独、フランス（ドゴールと会う）などを経て中南米に渡り、メキシコ、ブラジル、チリなどを歴訪した。意図が何だったか、多言は要しない。

米議会で高らかに謳《うた》ったように、自由世界の誇りある一員として生きると立場を固めた以上、カソリックの総本山に、欧州戦争の英雄たちに、そして西独では日本同様占領の憂き目を見た指導者アデナウアーに、日本の存在を思い出させ、しかと印象づけておく必要があった。

中南米では、当時盛り上がりを見せていたブラジル投資ブームのなか、経済面で国益を追求する意図はあったであろう。

しかしそれ以上に、日系人たちに「日本はまた戻ってきた」のだと自ら示すことで、彼らを支持母体に取り込み直そうとする企図あってのことと想像して、間違ってはいまい。アジアを固めて米国に行き、欧州に認知を求めたその足で、日系人コミュニティを再びテコ入れすべく中南米へ。行路と戦略はダイナミックだ。これが三年五カ月しか在任せず、首都騒乱のただ中にあった人の外交だった。

以上の中間、すなわち訪米のあとの一九五七年一一月一八日出国、一二月八日帰国の日程で、岸はベトナム、カンボジア、ラオス、マラヤ（現マレーシア）、シンガポール、インドネシア、オーストラリア、ニュージーランド、そしてフィリピンをその順に回っている。

豪州で語った「痛惜なる思い」

ここで特筆すべきは岸が豪州で残した足跡だ。

第6章でも述べたように、安倍総理は自身の訪豪（二〇一四年七月）の際に豪州連邦議会で演説し、先の大戦以来伏流水としていまだに途切れていなかった日本に対する豪州国民のわだかまりを、最終的に解こうとした。

そこで選んだ歴史に対する姿勢は、翌年四月、先に述べたとおり米国連邦議会において再び採用するところとなり、同年八月、戦後七〇年を記念し発表した「談話」で、三度《みたび》用いることとなった。

日豪は、このとき盟邦として互いを明確に認識する。それなくして、いわゆるクアッド（ＱＵＡＤ、日米豪印）の発足はあり得なかった。

そしてまたしても、これほど重要な戦略的な歩みをオーストラリアにおいて進めるに際し、先人すなわち岸の足跡に気づかされたのである。

一九五七年一二月、岸を迎えようとしていた豪州で「戦時中の対日悪感情」がなお払拭《ふっしょく》されておらず、「特に帰還軍人連盟から反対ののろしがあがり、〔中略〕四日岸総理がキャンベラにおいて無名戦士の墓に花輪を捧げた際に、一在郷軍人が日本戦犯に対する非難の複写写真を投げつけるという」事件があったと、外務省の記録は伝えている（『わが外交の近況』一九五八年版、特集四）。

それを一変させたといまに伝わるのが、豪州メンジーズ首相主催歓迎午餐会で岸が述べたスピーチにあった次のパラグラフだ。

全閣僚、両院議員、プレス代表など二六〇人にのぼる要人（前掲『人間岸信介　波瀾の九十年』所載、堀新助元岸総理秘書官のコラム）を前に、岸はこう言っている。豪州側記録に残る英文スピーチテクストからの本邦初訳であるから、丹念に日本語にしてみよう。


紳士、淑女のみなさま。わたくしにはただいま、まさしくかような場に立ちますとき、ある切実さをもって、念頭にのぼせざるを得ぬことがあるのであります。さよう申しまして、みなさまは、驚かれまいと思います。

それと申しますのは次のことがらであります。

オーストラリアと日本には、長い、友情の伝統があります。第一次大戦の折には、みなさまがたの不撓不屈なるアンザックと、わたくしどもは慶賀すべき契りを結んだのでありました。

しかるにこれに継起しましたのは、友情を阻んだ、四年にわたる、悲劇とすべき断絶でありました。

干戈《かんか》を収めて、なるほど、一二年の歳月を閲《けみ》します。講和の約を固めてからでも、六年が経ちました。時は、過ぎこそすれ、いま私には、公人の立場によって、義務となすべき務めがあります。私一個の、願いでもありますところのものとして、みなさまに、そしてみなさまを通じてオーストラリアの人々に、申し上げねばなりません。

かの、戦争において起きたことを、わたくしども、心中深くより、痛惜なる思いを抱くのであります。〔中略〕

願って得ることのできぬかかる好機を、わたくしは逃すことなどできません。豪州政府、ならびにオーストラリアの人々に、感謝を申し上げます。みなさまは、わたくしどもが国連へ加入するに当たり、それは温かく、助けてくださいました。〔中略〕

首相はかつて、仰せになりました。どうせ、一緒に生きていかなきゃならないんだ。だったら、やり方を考えて、仲良くやっていこうじゃないか。ここは、生き方を見出すに際し、みなさまにはかの、英国伝統のコモンセンスが働いているのでありましょう。私の、憧憬とするところであります。〔「アンザック」とは豪州・ニュージーランド合同軍事組織。第一次大戦ではアンザック軍の移送を大日本帝国海軍が担った〕

と、岸は語った。日本語で話したのであろうから、誰かが英語で続けたであろう。「痛惜」こそはキーワードである。英語では、sorrow。その前に効果的な一拍を置き、声を低め、むしろ静かにして、この一語を彼、通訳官は心を込めて語っただろうか。

歴史の事実を前に、取り返しのつかない事柄を、いまさらごめんなさいなどと言おうとはしない。しかし、言い知れぬ哀しみ、痛惜は感じるではないか。頭《こうべ》を垂れさせ、しばしの瞑目を促す感情、それがsorrowだ。

岸は、それを言っている。ややあってこの感情が聴衆の心の襞《ひだ》に入り込んだころ、スピーチは、楽譜だったとしたら転調を見せる。

日本を敵とし憎んだ感情はたといくすぶり続けるのだとしても、日本の国連加盟を助けてくれた。これにどう、感謝したものか、と。この刹那、感情には温かみがこもる。

一連の流れを締めくくるのは、さらにトーンを明るくし、「うん、そうだね」と共感を呼ぶほのぼのとした引用である。

原文では、We must learn to live together in amity, for live together we must と、倒置法というんだろうか、ひねりの効いた表現だ。相手がそこにいて、「だよねえ、やっぱりねえ」と言い合っている感じがある。

わたしはこのように分析的に眺めてみて、先人が熟考した跡をまざまざと見る思いだ。論理と感情のフローを設計したその手業は、安倍総理がキャンベラで、そしてワシントンで用いたのと酷似していることに驚くよりない。

岸の言葉をこのとき聞いていた午餐の主催者は、戦中の、まさしく日本の与えた恐怖を知り尽くし、戦後も豪州を率いたロバート・メンジーズ首相だった。

国内に渦巻くアンチ・ジャパンの声が容易なことで消え去らないのを知りながら、同首相は、岸との交際を深めるなか、「日本に対する敵意は、去るべきだ (hostility to Japan must go)」と、言った。

そして岸の、右の発言を受けた同首相は、「いつも思い出してばかりより、未来に希望をもつ方がいいですよね（better to hope than always remember）」とも言い、ひとつのピリオドをここで打った。

二人の指導者が交わし合った言葉と、その言葉を口にするまでに乗り越えてきた険しい道のりとを思うにつけ、戦後日本が豪州を南の隣人として持ち得た僥倖を思わざるを得ない。

鉄鉱石と石炭、なかでも粘結炭。そして天然ガス。あるいは小麦、さらには羊毛。戦後日本に、こうした産物を輸出し、和解の力を示してくれた豪州が隣人としてもしいなかったとしたら、産業の発展は果たしてああ円滑に進んだろうか。少なくとも、バルクの資源取引で膨大な口銭を得て大手商社が伸びる結果には、なっていなかったに違いない。

安倍総理は、国と国とが和解するとはどのようにすることなのか、豪州との関係で、悟る。よく言うように、「タンゴを踊るには、いつも相手が必要」なのであって、それが豪州との間では早くから成就した。

しかも自分の祖父が、これを見事にやってくれていたと気づくとき、安倍氏には、なにか因縁というより、運命めいたものが感じられただろうと思う。

第8章　戦後七〇年談話——わたしの案がボツになったわけ

私たちがいかなる努力を尽くそうとも、家族を失った方々の悲しみ、戦禍によって塗炭《とたん》の苦しみを味わった人々の辛い記憶は、これからも、決して癒えることはないでしょう。

ですから、私たちは、心に留めなければなりません。

戦後、六百万人を超える引揚者が、アジア太平洋の各地から無事帰還でき、日本再建の原動力となった事実を。中国に置き去りにされた三千人近い日本人の子どもたちが、無事成長し、再び祖国の土を踏むことができた事実を。米国や英国、オランダ、豪州などの元捕虜の皆さんが、長年にわたり、日本を訪れ、互いの戦死者のために慰霊を続けてくれている事実を。

　戦争の苦痛を嘗《な》め尽くした中国人の皆さんや、日本軍によって耐え難い苦痛を受けた元捕虜の皆さんが、それほど寛容であるためには、どれほどの心の葛藤があり、いかほどの努力が必要であったか。

そのことに、私たちは、思いを致さなければなりません。

寛容の心によって、日本は、戦後、国際社会に復帰することができました。戦後七十年のこの機にあたり、我が国は、和解のために力を尽くしてくださった、すべての国々、すべての方々に、心からの感謝の気持ちを表したいと思います。

――「内閣総理大臣談話」。いわゆる「戦後七〇年談話」、平成二七年八月一四日

カレンダーの記録を見返すと、平成二七（二〇一五）年の九月一日だった。安倍総理は自身の事務所の負担でごく少数を銀座の小ぶりなイタリア料理店に呼び、慰労のもてなしをしてくれた。パイロット社製ボールペンが土産に出た。軸に彫刻された字は、「七〇年談話への貢献を認めて」、という意味のことを書いてあった。

この刻印された字が使用するうち消えてしまうことを恐れたわたしは、以来、ペン先を一度も紙につけていない（安倍総理を喪ったからには、常用にするべきかと思う）。

安倍総理が同年八月一四日金曜日に総理官邸で発表したいわゆる「戦後七〇年談話」の草稿を、わたしは自分で書きたいと熱望していた。経緯からして筆者に役目が回ると踏ん

だ兼原信克官房副長官補は、わたしを定期的に昼食に誘い、首相談話の内容について、「21世紀構想懇談会」の有識者たちの間で進んだ議論の流れを教えてくれたりもしていた。

　わたしには、有識者たちの議論の中身よりも、それに対する安倍総理の反応のほうが強く印象に残った。「21世紀構想懇談会」を切り盛りする兼原氏が、どんな話題が出て、いかなる議論が交わされたか総理執務室まで報告にいくと、安倍総理は身を乗り出すようにして聞き入り、のみならず、あれこれと話に花が咲いて、必ず所定の時間を超えてしまうのだという、そこのところがたいそう面白かった。

　官邸お抱えヒストリアン（歴史家）としての一面をいよいよ強めつつあった兼原さん相手に、安倍総理がくるくる自分の頭を回し、「談話」で何をどう言うべきか考えていたのだと想像できたからだ。

今井秘書官の「詫び」

　そんなある日、いつのことだったか記録がないけれど、ふだんめったにわたしの部屋になど出向いて来ない今井尚哉秘書官が現れて、開口一番わたしに向かってスミマセンという。実は総理が原稿を口述し、それを書き留める形でもう案文が固まったのだ、と。

それ以前、わたしは第一版、第二版のドラフトをつくり、今井さんに見せてあったが、特段の反応がなかった。今井さんがいきなり詫びるようなことを言ったのは、わたしの費やした労力をまったく無駄にして悪かったというわけだったのである。

読み始めたわたしは、少なくとも最初の読者の一人として歴史的文書を読む軽い興奮を味わいながら、その出来映えに脱帽した。わたしの草稿は、目の前の文章に比べると、どうみても情緒過多だった。

「談話」は、閣議決定を経て効力に重みと永続性を帯びるという、そういう性格の文書であるから、言うべきことを言いつつも、エモーションに走り過ぎてはならない。ところで愚作はというと、そのころ例年蟬《せみ》の声が聞こえ始めると古山高麗雄《ふるやまこまお》の戦記ものを読みふけるのが習い性になっていた影響もあると思う、まさしく出来損ないの作家性を文体のそこかしこに感じさせるもので、その一点で失格だったのだ。

一方、見せられた案文の論理の組み立ては、再読、三読するにつけよくできていて、いまさら謝りなどしないが許してくれた先方の寛容に深く感謝するという姿勢、その意味で歴史に対して謙虚さをもってする態度は、豪州以来用いたレトリックを踏襲したものだ。ところどころに「使用済み」の用語もみえる。

それでいい。わたしだったら自分がかつて用いた言葉をまた使おうとは思わないかもしれないけれど、閣議を通し、続く国会での追及にボロを出さないよう事前に封じておくには、すでに用いた言葉とレトリックを再利用するのが最も安全なのだ。

ここのところの割り切りに、「談話」はあくまでも閣議を通して国会を突破する政治文書であるという一面が如実に出ていた。こういう政治的勘がさっぱり働こうとしないわたしのことを、今井さんなどはヤレヤレと思ったことが一再ならずだったのではと、今にして思い、赤面する。

国民的記憶を動員

豪州以来のレトリックと言ったが、その発展形を中国相手に用いてあるところにも、感心し、その中身に感動した。冒頭に掲げた部分がそれだ。

安倍総理やわたしの世代の日本人は、「中国残留孤児」が初めて日本に戻ってきたあのときの情景をまざまざと目に焼き付けている。現れたかつての孤児たちはもちろん立派に成人していた。けれども身なりからなにから、いかにも貧しそうだった。育ての親となった中国人も、同じように貧しかったのだと容易に想像がついた。

なかには労働力として酷使した中国人だって少なからずいたには違いあるまいが、死なせずに成人させてくれた中国人に、当時の日本人はまさしく安倍談話が言うように、深く思いをいたしたのである。この国民的記憶を動員する工夫は、わたしには思いつけなかった。

実際の文章を書いたのは、佐伯耕三さん（当時内閣副参事官、のち総理秘書官）だったのだろうと思うが、今井さんにしろ佐伯さんにしろ、これが自分の文章だったと吹聴《ふいちょう》する気はさらさらあるまい。それは潔癖のゆえであるけれど、同じかそれ以上に、安倍総理の歴史認識には明確なものがあり、今井さんがいう「総理の口述」だったという面が確かにあったからであろうと想像する。

ともあれ原稿の完成度に驚いたわたしは、せめて少しでも役割を果たそうと、全体の英訳について力を尽くした。ただしそれとて、わたし一個の作業だったのではない。

大きなピリオド

さらにもう一点、「談話」には目を見張るシカケが組み込まれてあった。

反省すべき時代をいつからいつまでだったか区切り、いわば責任範囲を限定したことと、無限責任の対象ではなく有限・限定責任の対象なのだと歴史をとらえ直した結果として、**「あの戦争には何ら関わりのない、私たちの子や孫、そしてその先の世代の子どもたちに、謝罪を続ける宿命を背負わせてはなりません」**と明確にし、ひとつの大きなピリオドを打ったことだ。

具体的には「談話」冒頭の次の箇所、

> **百年以上前の世界には、西洋諸国を中心とした国々の広大な植民地が、広がっていました。圧倒的な技術優位を背景に、植民地支配の波は、十九世紀、アジアにも押し寄せました。その危機感が、日本にとって、近代化の原動力となったことは、間違いありません。アジアで最初に立憲政治を打ち立て、独立を守り抜きました。日露戦争は、植民地支配のもとにあった、多くのアジアやアフリカの人々を勇気づけました。**
>
> **世界を巻き込んだ第一次世界大戦を経て、民族自決の動きが広がり、それまでの植民地化にブレーキがかかりました。この戦争は、一千万人もの戦死者を出す、悲惨な戦争でありました。人々は「平和」を強く願い、国際連盟を創設し、不戦条約を生み出しました。戦争自体を違法化する、新たな国際社会の潮流が生まれました。**

当初は、日本も足並みを揃えました。しかし、世界恐慌が発生し、欧米諸国が、植民地経済を巻き込んだ、経済のブロック化を進めると、日本経済は大きな打撃を受けました。その中で日本は、孤立感を深め、外交的、経済的な行き詰まりを、力の行使によって解決しようと試みました。国内の政治システムは、その歯止めたりえなかった。こうして、日本は、世界の大勢を見失っていきました。

満州事変、そして国際連盟からの脱退。日本は、次第に、国際社会が壮絶な犠牲の上に築こうとした「新しい国際秩序」への「挑戦者」となっていった。進むべき針路を誤り、戦争への道を進んで行きました。

そして七十年前。日本は、敗戦しました。

——である。

この辺りについて本格的な歴史認識論争をしかけた国会議員は現れなかった。米国、英国など諸外国からも、めだった批判は出なかった。仮に国会で熱を帯びる論争になっていたとしても、そのときのためにこそ、21世紀構想懇談会で有識者たちが重ねた議論の厚みを持ち出すことができていただろうが、そんな必要もなかった。

つまり「談話」の歴史認識は、反論がなかったという事実によって、広くその正当性を認められたのである。

といっても、それは結果論だ。「談話」を発表した当時はどんな反応になるか予測などつかず、右のように言うことはそれ自体が一種の賭けだった。すなわち「談話」は、「ローリスク・ローリターン」を狙う凡庸な取り組みではなかったのであって、そこのところを察してほしい。

総理の歴史観が結実

安倍は日本の過去を賛美するのであろうとか、歴史の針を逆に戻して大東亜戦争の大義を持ち出すのではないかとか、学者連は内外で早くから喧《かまびす》しかった。日本でも、あるいは欧米でも、安倍総理の手足を事前に縛っておこうとの意図にもとづく警告文が、たくさんの学者の連名を得て世に出ていた。

議論はやがて極端な矮小化《わいしょうか》の途をたどり、しまいには、「侵略」の二文字を使うか否かが安倍を計るリトマステストであるといわぬばかりの議論になったが、「談話」は、過去の行為を当世当座当用に即して、ああ呼んだりこう呼んだりすることそれ自体の無意味を象徴するかのように、「事変、侵略、戦争」と併記、羅列してみせた。そのあとに、重量級の指摘がくる。

事変、侵略、戦争。いかなる武力の威嚇や行使も、国際紛争を解決する手段としては、もう二度と用いてはならない。植民地支配から永遠に訣別し、すべての民族の自決の権利が尊重される世界にしなければならない。

先の大戦への深い悔悟の念と共に、我が国は、そう誓いました。自由で民主的な国を創り上げ、法の支配を重んじ、ひたすら不戦の誓いを堅持してまいりました。七十年間に及ぶ平和国家としての歩みに、私たちは、静かな誇りを抱きながら、この不動の方針を、これからも貫いてまいります。

「植民地支配から永遠に訣別」する必要があったのは、戦後もベトナムやインドネシアに戻ろうとしたフランスやオランダとて、同断だった。ポルトガルに至っては最も長く植民地保有に拘泥したではないかと、そんなことは一言も書いてはいないが、読めばわかるように書いてある。

そして「悔悟」という米議会演説に出た言葉を踏襲したうえ、戦後の歩みに自分たちは「静かな誇りを抱」くのだと、色調を一変、強い明色にして終えている。

こんな文章が、官僚レベルの作文でできるはずがない。反省すべき範囲と行為の性質を明確にして、次世代にツケが回らぬようここですっかり清算しようとしたのは、安倍晋三という人物にもともと備わっていた意図と意欲、歴史観あっての話だった。

比較の意味で、ボツになったわたしの第一稿からさわりを引いておく。誰を主たる聴き手として想定し、何を達成しようとしているのかがはっきりしていない。情念だけがあっても、何か明確な成果を達成しようとする政治行為にふさわしい文章になるわけではない。

八月は、わたしたち日本人に、しばし立ち止まることを求めます。歩みを止め、たとえいまは遠い過去なのだとしても、過ぎ去った歴史に、思いを致すことを求めます。心を平静に、鏡のごとくにして、沈黙のうちに、想念の力を借りることを促すのです。

だとしてもわたくしは、いま、くぐもった声でではあれ、語らなくてはなりません。例えばあの頃ビルマと呼ばれた地の、白骨街道に、草生《む》すまま残されたかばねのために。看護婦として従軍したうら若い女性の遺骨も、かえりみられぬまま残っているに違いありま

せん。

五年後の令和二（二〇二〇）年は戦後七五年の節目に当たったけれど、「七五年談話」を出して謝罪を繰り返せという主張は、韓国、中国からすら現れなかった。「談話」が出た同じ年の暮れには、韓国の朴槿恵政権との間でいわゆる慰安婦問題の「最終的かつ不可逆的」な解決をみた。安倍総理の判断で、所要の金額をさっさと韓国側に振り込んだ。ところが朴槿恵氏を倒し二〇一七年に政権についた文在寅《ムンジェイン》氏は、両国政府が知恵を絞り時間をかけて到達した「慰安婦合意」をすっかり反古《ほご》にした。つまり歴史をなかったことにすることで多くの前歴をもつ文在寅政権だったが、それでも新たな談話を出せとは東京に迫らなかった。

かくして、国際世論を相手に時に傷つきつつ挑んだ安倍総理の歴史観をめぐる奮闘は、「戦後七〇年談話」の発出を大きな山として、収束した。ここまでが、長く、苦しかった。

第9章　和解の完成――ヒロシマと真珠湾

年明けにヤド・ヴァシェム・ステートメントをもって始まった二〇一五年は、三月の早稲田大学大隈講堂演説から、四月の米議会上下両院合同会議スピーチ、そして八月の「戦後七〇年談話」と続いた。「歴史認識」における失地を回復し、のみならず主要国が安倍政権を見る目、ひいては日本を眺める認識を大きく好転させるうえで、大勝負の一年だった。

そしていよいよ同年の九月一九日、安倍総理が宿願とし、内外政におけるあらゆる努力をその成就一点に傾注してきたといってよい「平和安全法制」関連法が国会で可決、成立した。

豪州議会、米国議会でのスピーチや七〇年談話はもとより、内外におけるあらゆる発信は、集団的自衛権の行使を（局限的であるにせよ）実現し、わが国防衛の抑止力を増す結果を招来するはずの、同法制実現に狙いを定めてきた。

「認識は常に現実に勝る」

残るは、韓国との間での、しこり切った関係を打開することだった。いわゆる「慰安婦」をめぐる軋轢《あつれき》を、どうするか。

この際意識せざるを得なかったのは、米国や英国などで対日外交を事とする外交官・専門家たちに広く存在した先入観だ。

すなわち①韓国とうまく付き合えない日本は、未成熟な国である、②米国、韓国、日本が力を相乗的に強め合わなければならない状況にあって、日本はブレーキになっている、そして③歴史問題に関しては、旧帝国主義国・宗主国側が常に悪いのだから、譲るべきはまずは日本である——とでも要約できる考えだ。

今日に至るも、こうした発想に立つ人々は、ボストン、ニューヨーク、ワシントンに、あるいはロンドンやパリ、ベルリンに少なくない。

歴史に現れた最も悪逆非道な植民地主義は、ゴム採取のノルマ未達を理由に現地人の腕を切り落としたり、野生動物を撃つように彼らを撃つことを遊戯にしたりさえした、コンゴにおけるベルギーの所業だと思うけれど、それらを援用して何がどうなるでもない。パブリック・リレーションズ・マネジメントの要諦は「認識は常に現実に勝る」と心得ておくことだ。誤解だ、そうじゃないんだ、とどんなに叫んでも、定着した認識を改めるのは難しい。

ステレオタイプを中和するには、ひとつしか方法がない。常に新しい何か――政策における新機軸でも、スピーチでもよい――を打ち出すことで、報道のヘッドライン（見出し）を奪い続けることである。

読者は既にご賢察のとおり、安倍政権はこの努力において已《や》むことを知らなかった。より深く知りたい向きには、安倍総理最側近としてかけずり回った長谷川榮一内閣広報官・総理補佐官（当時）が著《あらわ》した『首相官邸の2800日』（新潮新書）の一読を勧めたい。

日韓関係において必要だったのは、スピーチではなかった。いわゆる慰安婦問題をめぐる政府間の最終合意だったが、これが、二〇一五年も押し詰まった一二月二八日、ついに成就する。

同日、韓国訪問中だった岸田文雄外相（当時）が韓国の外相（尹炳世《ユンビョンセ》氏）と相並んで記者会見に立ち、各国メディア環視のなか、「この問題が最終的かつ不可逆的に解決されることを確認」した。

後に韓国で起きた政権交代が、前政権が結んだ同合意を反古とし問題を振り出しに戻すのみならず、日韓関係を一層悪化さえさせてしまったことは周知の通りだ。げに、ことが韓国相手となると、「最終的」な合意は、しばしば無化する。「不可逆的」としたはずのものは、何度も何度も、繰り返し出てくると弁えておくほかない。

しかしこの際、問題を解決し二国間関係を良くしようとしたのが日本側であって、韓国こそは反動勢力だったと世界に周知させたことは無駄ではなかった。

このの ち、日本を一方的になじる類の主張は、欧米からあまり聞こえなくなる。

降雨量の最も少ない日は？

年が明け、二〇一六年はG7首脳会議（サミット）を日本が主催する年となった。主催国となると、開催地選び、議題の絞り込み、「アウトリーチ国」すなわち非メンバーだが特に招いて参加させる国の選定まで、広範な裁量権を発揮できる。

中国の「一帯一路」政策が自国利益優先主義を貫く結果、すぐに舗装が凸凹《でこぼこ》になる道路をつくり、重債務にあえぐ国を生み出している事実に鑑み、日本は「質の高い（クオリティ）インフラ」が必要であることを打ち出そうとしていた。

ゆえに招いたアウトリーチ国は、チャド、インドネシア、スリランカ、バングラデシュ、パプアニューギニア、ベトナムとラオスだった。

また会議のホスト国は、各国主要メディアのエア・タイム（放送時間）とインチ・レングス（紙幅）を、一時的にせよ独占できる。同じだけの時間と紙幅を広告で埋めようとした場合にかかるであろう費用を推算すれば、効果のほどが知れるだろう。ところが、ホスト国の順番は七年ごとにしか回ってこない。安倍政権は、果たして実現まで漕ぎ着けられるだろうか。

その目鼻がつくまで、すなわち二〇一六年入りするまでが、とてつもなく長く、苦しく感じたという趣旨のことを、のち、政権が終焉を迎えようとしていたころ、今井尚哉筆頭秘書官兼総理補佐官は言っていた。わたしが満腔《まんこう》の同情を感じたのはいうまでもない。

今井氏によると、サミットの舞台三重県で、もっと言うと「宇治橋」近辺で、「五〜六月の期間に、晴れなくてもいい、降雨量がいちばん少ない日はいつか教えてくれ」と、同県知事（当時）の鈴木英敬氏に要請したという。鈴木知事は通産・経産省出身。今井氏のはるか後輩に当たった。

判明したのが、五月二六日、二七日前後だ。

なぜ、雨が降ってはいけなかったか。

安倍総理がサミットに託した強い念願を抜きに、理解することはできない。総理はサミットが開会するのに先立ち、すべての首脳を伊勢神宮内宮《ないくう》に連れて行くつもりだったのである。

いまその面々を振り返ってみよう。米バラク・オバマ、英デイビッド・キャメロン、仏フランソワ・オランド、独アンゲラ・メルケル、伊マッテオ・レンツィ、加ジャスティン・トルドー、欧州理事会議長ドナルド・トゥスクそして欧州委員会委員長ジャン＝クロード・ユンカーの各氏だ。

おのおのが車列で現れ、五十鈴《いすず》川にかかる聖なる橋・宇治橋前のロータリーで降りては、安倍総理と挨拶を交わす。外交儀礼上（国家元首であって参加回数最多との理由で）最後に現れるオバマ米大統領を待ったうえ、並んで橋を渡り、内宮へと向かう手はずだった。

ここで懸念事項が二点あった。深刻だったのは、政教分離をやかましく言う仏独などの首脳、とりわけ自身キリスト教徒として強い自意識をもつメルケル独首相などが、拒否反応を示さないかだ。

現に日仏など外交当局同士の間で、神宮境内における行動の詳細をめぐって、礼拝に当たらないか、宗教行為に該当しないか否か、やかましいやり取りがあったやに仄聞《そくぶん》した。

もうひとつが、雨が降らないか、だった。

筆者は最後にお伊勢参りをしてから随分と時が経ち記憶が薄れていたから、この機会を前に再訪してみた。

確かめたかったのは、宇治橋から内宮へ入り正宮＝皇大神宮たもとのきざはしまで、ゆっくり歩いて何分かかるか、である。

その間は、安倍総理とオバマ大統領ら各国首脳の間で、通訳が入らないフリー・トークになる。せめて格好の話題でも英語にし、総理のためメモにして差し上げるとすると、何をどんな順に言うよう構成すればいいだろうか。

考えつつ歩いていくと、ざっと一五分はかかることがわかった。

一五分は、長い。小雨ならまだしも、どしゃ降りの雨になり、それでも決行などしようものなら、各国首脳たちには散々な目にあったという印象しか残るまい。

反対にもし降らなければ、きっと大丈夫。樹齢数百年の木々に囲まれ、玉砂利の音を足下に聞きつつ歩いてくれさえすれば、日本人が抱く宗教心の本質、なかんずく歴代の天皇陛下が捧げてこられた祈りの質について、百万言にまさる理解を得られるに違いないと、安倍総理には期待するところがあった。

まさにそんな体験を、キリスト教国から来た首脳たちに味わわせ、ある種の宗教的啓示を与えられればいい——。安倍氏は早くからそう考えていた。わたしはこの一点に、安倍外交の、安倍氏でなくてはなしえなかった企図と、その達成を見る。

参拝当日の五月二六日は、皇室御用達だと聞く透明度の高いビニールを張った傘が準備されるなど、雨への備えもそれなりにしてあった。

ところが、だ。——今井さんは「つくづく総理は晴れ男だと思った」とのちにしみじみ言ったものだが、宇治橋前に各国首脳が現れ始めた刹那、厚かった雲が裂け、一条、二条、光が射しそめたのである。といって眩しい陽光に目を細める必要もなく、理想的な気象が実現した。

二〇〇〇年前にさかのぼる伊勢神宮の歴史において初めて、西欧キリスト教主要国首脳が雁首《がんくび》揃えてまとまって、一挙に挙《こぞ》って参詣した、——安倍総理からすれば「参詣させた」のである。空前であった。おそらくは絶後かもしれない。

果たして総理の想像したとおり各国各首脳は一種スピリチュアルな感動を得て、直後の記帳に、真率な印象を書き残している。

「幾世にもわたり、癒しと安寧をもたらしてきた神聖なこの地を訪れることができ、非常に光栄に思います。世界中の人々が平和に、理解しあって共生できるようお祈りいたします」（オバマ氏）

「日本の源であり、調和、尊重、そして平和という価値観をもたらす、精神の崇高なる場所にて」（オランド氏）

「ここ伊勢神宮に象徴される日本国民の豊かな自然との密接な結びつきに深い敬意を表します。ドイツと日本が手を取り合い、地球上の自然の生存基盤の保全に貢献していくことを願います」（メルケル氏）

「静謐《せいひつ》と思索の場。そして日本についての深い洞察。どうもありがとう！」（トゥスク氏）

これらは原語表記を含め伊勢神宮のウェブページ「神宮表敬に際してのＧ７首脳の記帳について」に載っている。

前年まで重ねた外交努力は、ここに静かに、なんのファンファーレも鳴りはしなかったけれど、歴史的達成をみた。

安倍氏は、いまや、伊勢神宮の奥深いところまで、日本における宗教的感情のひとつの源泉まで、メルケル氏、オバマ氏らが安心して一緒に歩みを進めていけるだけの人物となっていたのである。

美しい英虞《あご》湾の隅々までボートを浮かべ警戒怠りなかった警察の努力たるや水際だったもので、さりげなく存在を示しつつも、まるで威圧的なところがない。それでいて隙がない。

様子に感銘を受けたわたしは、一行よりも一足先に伊勢志摩サミットの舞台を去り、広島へ向かった。

ヒロシマでのオバマ・スピーチ

伊勢神宮参拝翌日の五月二七日、オバマ氏は現職の米国大統領として初めて、原子爆弾が投下された広島市を訪問したのである。

オバマ、安倍の二人が爆心地を訪れ、いったい何を言うか。歴史的場面に立ち会いたかった。広島でまず眼に入ったのは、やはり警察の、隙こそないが抑制的な警備ぶりだった。

平和記念公園へと向かう道、全国から馳《は》せ参じたのであろう、すれ違うパトカーのボディーに見える県警の名がいろいろである。

中に、この少し前ひどい地震に見舞われたばかりの熊本県警の車両を見出し、強い感動にとらわれた。

のちに大石吉彦総理秘書官にそのことを言うと、

「え、そうですか。熊本には応援に来なくていいって言っていたんですけどね」

と驚いた風だ。察するところ、熊本県警にも已むに已まれぬ、突き動かす何かがあって来ていたのではないか。

夕刻、日差しがオレンジを帯びるころ、二人の首脳は静かな、そして感動的なスピーチをした。

オバマ大統領は岩国基地から海兵隊の「マリーン・ワン」ヘリコプターで広島に向かう道すがらでさえ、スピーチライターのベン・ローズ氏を相手に最後まで推敲を重ねたと聞いた。

やや小柄のローズ氏は、自分にも覚えがあるが、ボスが上首尾を収めることを祈る懸命の眼をしてオバマ氏を見つめている。

同じ眼をして、安倍総理の一挙手一投足に真剣な注意を投げていたのは、このときの安倍スピーチを書いた佐伯耕三内閣副参事官（当時）だ。

安倍・オバマ両首脳の背後には、永劫の灯火が燃える。その火を「希望を生み出す灯」にするのだとした安倍演説の一節は、厳粛そのものの両首脳の表情とあいまって、強い映像的印象を残すよいものだった。

ローズ・オバマ合作の大統領演説は、察するに、安倍総理が幾度も直面したのと似た難題をいかに解くか、苦心を要しただろうと思う。

すなわち広島と長崎で米国が為した行為はまごうかたなき市民殺傷の重大犯罪であるけれども、これをいまさら、申し訳なかったと詫びるわけにはいかない。

かといって、原爆のおかげで両国民の犠牲は少なく済んだのだという戦後の米国が自らに言い聞かせ続けた合理化論をここで繰り返し、日本国民の感情を逆なでする愚も避けたい。

そこでローズ氏がつくった原稿は、オバマ氏の通例といえる説教調をさらに増幅したといってよいもので、無数の声や叫び、嘆きや苦悩が渦巻く総体を歴史ととらえたうえ、それにひとはいかにして処すべきか内省しつつ訓示するといった気味合いのものとなった。

ああいう高踏的な説教節を読み上げて、なおかつ聴衆をエンゲージする（引きつける）のは、オバマ氏くらいにしかできない芸当である。ローズ氏は、ボスの声、ピッチ、間のあけ方、射るような眼光を全部計算に入れ、原稿を書いたものであろう。

終盤に次のセリフを置いたのも、よくできた計算だった。

That is why we come to Hiroshima. So that we might think of people we love — the first smile from our children in the morning; the gentle touch from a spouse over the kitchen table; the comforting embrace of a parent — we can think of those things and know that those same precious moments took place here seventy-one years ago.

「あの朝」、八時一五分の直前まで、広島のどの家庭でも、ありふれた光景が繰り広げられていた。

「あなた、行ってらっしゃいね」と日本の細君は朝、キッチンテーブル越しに夫にそっと手を触れたりはしなかったかもしれないが、優しく微笑んだことではあろう。

「お母さん、行ってくるね」と顔中を笑みで満たした子供の頭をなでて、「気をつけてね」と、母は言ったに違いない。

――といったことを、右の英文は言っている。

わたしは後、ここの部分がとりわけよくできていたと、ローズ氏にメールで伝えた。すると二〇一六年六月三日、彼から返事が来て、「ありがとう」と言ったあと、「書きながら、ずっと自分の娘のことばかり考えていて、それであの（朝の子供の微笑み、という）パッセージになった」と説明してくれた。

原爆投下の朝、もし自分が広島にいたらどうしていただろう、と、ベン・ローズ氏は想像したわけだ。

娘はいつもとおなじ、ダディおはようとか、眠いよとか、じゃ学校行こうとか言ってただろう、そんな娘に自分は妻とふたり、キスしてただろうな――と考えるうち、ベン・ローズ氏はちょっと泣きたくなったんじゃないかと想像する。

それでよかった。おかげで、よい、心を震わせる章句になった。

両首脳が、こうして広島で、みなに「ああ、良かった。何かが、いま、ほんとうに終わった」と思わせる高度に儀式的演説をしたのは、やはり良かったと思う。歴史には、折節、こうしてピリオドを打つべき時が来るのであろう。まさしく和解の力のなせるわざだった。

直後にわたしは頼まれて『ＮＩＫＫＥＩ Ａｓｉａ』誌に英文のエッセイを寄せ、広島の人であれ、他の誰であれ、日本人は米国の大統領に、もはや謝罪などまったく求めてはいなかったことを記した。

「八月や　六日　九日　十五日」という句がある。「あぁ、また、夏が来たなあ。広島と、長崎と、それから終戦の日」と、言葉にならない言葉を詠んだような句だ。

広島平和記念公園の
原爆死没者慰霊碑の前で

これを引用したうえ、日本において人々は叫んだりわめいたりしないかわり、哀しみを深い溜息にして、胸底に沈ませたのだと述べた。

たといそうでも、オバマ氏が来たことを有り難かったと思ったのであろう、両首脳が捧げた花輪の周りを訪れる人の群れは、とっぷりと日が暮れてからも途絶えることがなかった。その様子を、熊本県警の巡査たちも見守ったのではあるまいか。

真珠湾での安倍スピーチ

それから半年以上が経った一二月、オバマ、安倍の両首脳は、今度は真珠湾を訪れた。「あの朝」から、七五年の節目だ。

オバマ大統領がまず広島で献花し、ついで安倍総理が真珠湾で花輪を捧げることとなった互酬の儀礼は、日米の和解を完成させるためふさわしい行いだった。

安倍氏の真珠湾訪問は現職総理として初めてだと内外メディアがかまびすしく報じるうち、ハワイ現地の邦字紙『ハワイ報知』がフェイスブックのページでスクープを伝えた。アイゼンハワー大統領と会い、米国下院で演説するなどした岸信介は、帰国の途次ハワイへ立ち寄り、米軍士卒が眠るパンチボウル国立太平洋記念墓地にお参りしていたというのである。米軍が日本との戦いで出した死者の魂に、哀悼の誠を捧げたのであろう。

ただし岸訪問の当時はまだアリゾナ・メモリアルがなかった。戦艦アリゾナの沈没水面に白亜の記念堂が建ち、毎日陸続と訪問者が訪れるようになって、真珠湾の歴史は「思い出されて強化された歴史」となり、年を追ってむしろ重みを増した。

岸が捧げた花輪のことは、当時、右のフェイスブックで紹介された小さな記事を例外として、内外各紙のどこも報道していない。一九五七年は、日本との戦いが勝利に終わって一二年。仇敵を完膚なきまでに倒した米国には、いっそせいせいした気分、清算が済んでいるとでもいった感じがあっただろうか。

以下に、安倍総理が実際に読んだスピーチの日本語正本を掲げておく。

オバマ大統領、ハリス司令官、御列席の皆様、そして、全ての、アメリカ国民の皆様。

パールハーバー、真珠湾に、今、私は、日本国総理大臣として立っています。

耳を澄ますと、寄せては返す、波の音が聞こえてきます。降り注ぐ陽の、やわらかな光に照らされた、青い、静かな入り江。

私の後ろ、海の上の、白い、アリゾナ・メモリアル。

あの、慰霊の場を、オバマ大統領と共に訪れました。

そこは、私に、沈黙をうながす場所でした。

亡くなった、軍人たちの名が、記されています。

祖国を守る崇高な任務のため、カリフォルニア、ミシガン、ニューヨーク、テキサス、

様々な地から来て、乗り組んでいた兵士たちが、あの日、爆撃が戦艦アリゾナを二つに切り裂いたとき、紅蓮《ぐれん》の炎の中で、死んでいった。

七五年が経った今も、海底に横たわるアリゾナには、数知れぬ兵士たちが眠っています。

耳を澄まして心を研ぎ澄ますと、風と、波の音とともに、兵士たちの声が聞こえてきます。

あの日、日曜の朝の、明るく寛《くつろ》いだ、弾む会話の声。

自分の未来を、そして夢を語り合う、若い兵士たちの声。

最後の瞬間、愛する人の名を叫ぶ声。

生まれてくる子の、幸せを祈る声。

一人ひとりの兵士に、その身を案じる母がいて、父がいた。愛する妻や、恋人がいた。

成長を楽しみにしている、子供たちがいたでしょう。

それら、全ての思いが断たれてしまった。

その厳粛な事実を思うとき、かみしめるとき、私は、言葉を失います。

その御霊よ、安らかなれ――。思いを込め、私は日本国民を代表して、兵士たちが眠る海に、花を投じました。

オバマ大統領、アメリカ国民の皆さん、世界の、様々な国の皆さん。

私は日本国総理大臣として、この地で命を落とした人々の御霊に、ここから始まった戦いが奪った、全ての勇者たちの命に、戦争の犠牲となった、数知れぬ、無辜の民の魂に、永劫の、哀悼の誠を捧げます。

戦争の惨禍は、二度と、繰り返してはならない。

私たちは、そう誓いました。そして戦後、自由で民主的な国を創り上げ、法の支配を重んじ、ひたすら、不戦の誓いを貫いてまいりました。

戦後七〇年間に及ぶ平和国家としての歩みに、私たち日本人は、静かな誇りを感じながら、この不動の方針を、これからも貫いてまいります。

この場で、戦艦アリゾナに眠る兵士たちに、アメリカ国民の皆様に、世界の人々に、固い、その決意を、日本国総理大臣として、表明いたします。

昨日、私は、カネオヘの海兵隊基地に、一人の日本帝国海軍士官の碑《いしぶみ》を訪れました。

その人物とは、真珠湾攻撃中に被弾し、母艦に帰るのを諦め、引き返し、戦死した、戦闘機パイロット、飯田房太中佐です。

彼の墜落地点に碑を建てたのは、日本人ではありません。攻撃を受けていた側にいた、米軍の人々です。死者の、勇気を称え、石碑を建ててくれた。

碑には、祖国のため命を捧げた軍人への敬意を込め、日本帝国海軍大尉《だいい》と、当時の階級を刻んであります。

The brave respect the brave.

勇者は、勇者を敬う。

アンブローズ・ビアスの、詩《うた》は言います。

戦い合った敵であっても、敬意を表する。憎しみ合った敵であっても、理解しようとする。

そこにあるのは、アメリカ国民の、寛容の心です。

戦争が終わり、日本が、見渡す限りの焼け野原、貧しさのどん底の中で苦しんでいたとき、食べるもの、着るものを惜しみなく送ってくれたのは、米国であり、アメリカ国民でありました。

皆さんが送ってくれたセーターで、ミルクで、日本人は、未来へと、命をつなぐことができました。

そして米国は、日本が、戦後再び、国際社会へと復帰する道を開いてくれた。米国のリーダーシップの下、自由世界の一員として、私たちは、平和と繁栄を享受することができました。

敵として熾《し》烈《れつ》に戦った、私たち日本人に差し伸べられた、こうした皆さんの善意と支援の手、その大いなる寛容の心は、祖父たち、母たちの胸に深く刻まれています。

私たちも、覚えています。子や、孫たちも語り継ぎ、決して忘れることはないでしょう。

オバマ大統領と共に訪れた、ワシントンのリンカーン・メモリアル。その壁に刻まれた言葉が、私の心に去来します。

誰に対しても、悪意を抱かず、慈悲の心で向き合う。

永続する平和を、我々全ての間に打ち立て、大切に守る任務を、やり遂げる。

エイブラハム・リンカーン大統領の、言葉です。

私は日本国民を代表し、米国が、世界が、日本に示してくれた寛容に、改めて、ここに、心からの感謝を申し上げます。

あの「パールハーバー」から七五年。歴史に残る激しい戦争を戦った日本と米国は、歴史にまれな、深く、強く結ばれた同盟国となりました。

それは、いままでにもまして、世界を覆う幾多の困難に、共に立ち向かう同盟です。明日を拓く、「希望の同盟」です。

私たちを結びつけたものは、寛容の心がもたらした、the power of reconciliation、「和解の力」です。

私が、ここパールハーバーで、オバマ大統領とともに、世界の人々に対して訴えたいもの。それは、この、和解の力です。

戦争の惨禍は、いまだ世界から消えない。憎悪が憎悪を招く連鎖は、なくなろうとしない。

寛容の心、和解の力を、世界は今、今こそ、必要としています。

憎悪を消し去り、共通の価値の下、友情と、信頼を育てた日米は、今、今こそ、寛容の大切さと、和解の力を、世界に向かって訴え続けていく、任務を帯びています。

日本と米国の同盟は、だからこそ「希望の同盟」なのです。

私たちを見守ってくれている入り江は、どこまでも静かです。

パールハーバー。

真珠の輝きに満ちた、この美しい入り江こそ、寛容と、そして和解の象徴である。

私たち日本人の子供たち、そしてオバマ大統領、皆さんアメリカ人の子供たちが、また

その子供たち、孫たちが、そして世界中の人々が、パールハーバーを和解の象徴として記憶し続けてくれることを私は願います。

そのための努力を、私たちはこれからも、惜しみなく続けていく。オバマ大統領とともに、ここに、固く、誓います。

ありがとうございました。

前章までにみてきた歴史に対する偽りのない向き合い方と、謝るべきでないことを謝ろうなどとしないかかわり、相手方が示した寛容に心からの感謝を表すという心の働きとが、短い文章のなかにすべて入っていて、改めて眺めるにつけ、ここがひとつの到達点だったと思いを新たにする。

このスピーチの作成にあたっては、「耳を澄ますと、兵士たちの声が聞こえてきます」というトーンから入ってくれと、安倍総理から明確な指示があった。「わだつみの声」が聞こえてくる、という流れもあり得たが、総理の言うには、「その言葉は、ある特定の主張をもつ人たちが好んで使ってきたせいで特有の意味を帯びているから、避けたほうがいい」とこれもはっきりした指示で、使用しないことになった。

一方、「あの日、日曜の朝の、明るく寛いだ、弾む会話の声。自分の未来を、そして夢を語り合う、若い兵士たちの声。最後の瞬間、愛する人の名を叫ぶ声。生まれてくる子の、幸せを祈る声」というくだりは、「声」というモティーフの一種の変奏とはいうものの、オバマ大統領の広島演説に不知不識のうち影響を受けていた。

先の大戦で、日本は勝ち目のない戦いを米国に挑み、徹底的に粉砕された。だからといって、一命を捧げた陸海軍人の犠牲は無価値だったのだろうか。

戦いで斃《たお》れたならまだしも、糧食尽き、包帯のひとつすらなくなって、餓えと病で死んだ者たるやその数は夥《おびただ》しい。これらの死はめぼしい軍功とてないのだから、まったくの無駄だったのだろうか。

硫黄島での抵抗は、米軍サイドに今に語り継がれる損害を出させた。けれども結局は打倒され、日本の守備隊は全滅した。とすれば硫黄島とは、愚昧《ぐまい》の象徴か。

――そうだ、愚かなわざだったのだとみなそうとする傾向は、戦後の両国言説空間を長く縛った。

それに対して異を唱え、わたしたちの父祖がしのんだ犠牲は犠牲として正しく回顧され、感謝されて、その名誉を顕彰されるべきであるとするところ、安倍総理のスピーチには豪州以来真珠湾まで、一貫して流れるライトモティーフ（通奏低音）があった。

次ページの写真は、二〇一三年の安倍総理の硫黄島訪問の際に撮られ、安倍総理の向かって左、腰をかがめつつある河野《かわの》克俊氏（当時、海上幕僚長。のち統合幕僚長）が公開したものだ。硫黄島には、アスファルト舗装された滑走路の真下に、なお数知れぬ遺骨が眠る。

ＵＳ2飛行艇に乗り込もうと滑走路に歩を進めた総理は、戦没将兵に祈りを捧げずにはいられなかった。衝動的に一人跪《ひざまず》いて、周囲がやや慌てている様子をとらえた一枚である。

想起されるのは米議会演説である。硫黄島にとくに言及したうえ、守備隊司令官の栗林忠道中将（死後に大将）の孫に当たる新藤義孝代議士を当時硫黄島攻撃に当たった米海兵隊員とともにギャラリーに置き、二人に呼びかけながら、栗林のことを「勇猛がいまに伝わる」人だと述べた。硫黄島守備隊の名誉が、回復された瞬間だ。

戦いに斃れた旧帝国陸海軍人を「勇者」と呼び、それへの尊敬を当然としたところに、安倍総理ならではの念《おも》いがあった。

戦後七〇年を経てようやく父祖たちの名誉を回復できたわけだが、実をいうと豪州でも

安倍総理はこの後、地面を丁寧になでた。河野克俊氏提供

米国でも、熾烈な戦いのまっただなかで既に、当方将卒を勇士・勇者として顕彰し、慰霊をしてくれていた。

真珠湾では、飯田房太というパイロットが、ダーウィンでは伊号第一二四潜水艦乗り組みの士卒が、そしてキャンベラでは、戦争記念館においてシドニー湾に沈んだ特殊潜航艇と搭乗員が、いずれもその勇猛を多として顕彰されていた。

対日戦に勝ったあと、勝利者の心的優位をもってしたというのではない。戦いのさなかに、敵ながらあっぱれと勇猛を称えてくれていたことに、驚きと、騎士道的心ばえのすがすがしさ、そして寛容の念を感じざるを得ないではないか。

安倍氏としてはこれらのいちいちに対し、心からなる感謝の真率を表すだけでよかった。

マルタ島で戦死者を悼む

二〇一七年五月二七日、シチリア島でイタリア政府が開いたＧ７サミットへの参加を終えた安倍総理とその一行は、マルタに足を延ばした。

　同国のジョゼフ・ムスカット首相（当時）との会談に臨むこともさりながら、本当の目的は、同国英連邦軍墓地の奥津城《おくつき》にいまもひっそりと建つ「大日本帝国第二特務艦隊戦死者之墓」に詣で、日本政府指導者として初めて慰霊の花輪を捧げるところにあった。

　第一次大戦中、日英同盟の約によって帝国海軍は地中海へ駆逐艦隊を送った。新兵器として猛威を振るったドイツ・オーストリア海軍のＵボート（潜水艦）から連合国艦船・商船をいかに守るか。

　音響反射による探査装置などない時代、波間にのぞく潜望鏡をいち早く見つけ、速力を活かして潜水艦がいそうな海域にかけつけては機雷を落とす戦法しかなかった。

　鍵は、双眼鏡を海面に走らせる水兵たちの視力と粘り、耐久力だったが、これで日本は卓越した能力を示し、「地中海の守り神」との令名を得る。

　うち駆逐艦「榊《さかき》」はクレタ島沖で大破、艦長以下五九名が戦死する。その御霊に対し、

カッソン英海軍大佐とマルタ駐在英国高等弁務官。筆者写す

安倍総理と昭恵夫人は祈りを捧げた。

戦前、後の昭和天皇が皇太子殿下のみぎり、欧州訪問の途次マルタに立ち寄られて慰霊をされた（一九二一年四月二五日）ことを唯一の前例とし、爾《じ》来《らい》九六年間、安倍総理夫妻が訪れるまで、日本の高位当局者として慰霊に来た人は誰もいなかった。

日は傾き、人の影が長い。慰霊の碑が建つのは、英連邦軍墓地の中でも一等地といえる場所だった。

安倍総理夫妻を先頭に一行が到着すると、驚くまいことか、ポール・カッソン英海軍大佐・駐日大使館付国防武官が、頼みもしないのに既にそこに立って待っていてくれていた（写真。手前はマルタ駐在英国高等弁務官）。

六尺豊かな偉丈夫に、白の第一種礼装がよく映える。「え？　どうして」と驚くわたしに、「ロイヤル・ネイビーを代表して来た」とはればれとした表情で言う。

　安倍総理と昭恵夫人が慰霊碑に深々と一礼、背後でマルタ軍音楽隊が君が代を奏す間、大佐は鍛えた姿勢そのまま、敬礼を続けた。一〇〇年の時間が、瞬時に埋まった気がした。日英同盟が、往年の光芒を取り戻したかにも。

　いまや世界のステーツマンとなった安倍氏とその外交が達成した、あまり語られないが、ひとつのハイライトだった。

エピソード03　御名御璽事件――総理のスタイルについて

「ああ、あれ、谷口さんだったの。ちょっと話題になったんだよね。保守の連中の間でね」と安倍氏に言われた時は、内心小声で、ヤッタ、と叫んだ。

外相時代の麻生太郎氏にしこたまスピーチを書いたわたしは、その流れで、二〇〇八年九月に総理となった麻生氏の官邸に入り、同総理にもスピーチを書く仕事をする予定だった。

そのときは、官邸にしかるべき地位を得ることになっていた。総理のそばにいるのでないと書けないからだ。

しかし人事上埒《らち》があかず、麻生総理のスピーチライターとなることは実現できなかったから、わたしは麻生総理のために都合二本だけドラフトできたに留まる。

同総理はあのとき就任早々、まずニューヨークに飛んで、九月二五日、国連総会一般討論に臨んだ。このときの演説が、その一本目だ。

投資銀行リーマン・ブラザーズが破産して、僅《わず》かに一〇日後のタイミングだった。麻生氏における金融の知識と歴史観を内外に示さんとして、冒頭近くに置いたのは、次のくだりだった。

議長、

この度ニューヨークを訪れて、私はバンカー（銀行家）について昔聞いた話を思い出しました。バンカーには、いつも二種類しかいないそうです。少ししか記憶できないバンカーと、まったく何も記憶できないバンカーと――。

金融に、マニアとパニックが相伴うこと、形あるものに、影の従う如くであります。一定の間隔を置いて、マニアは必ず胚胎し、パニックを招来します。

今から一〇年前のちょうど九月、世界は一度、流動性を突如失う悪夢を見たはずでした。この四半世紀余り、東京はもとより多くの国、市場を舞台としながら、マニアとパニックは数年おきに、あたかも終わりのないロンドを奏でてきたかに見えます。

この度の熱狂において、東京は比較的素面《しらふ》でありました。が、これとても、一九八〇年

代から九〇年代にかけしたたかあおった酒の宿酔《ふつかよい》（ハングオーバー）が過剰債務（デット・オーバーハング）となり、これに苦しむこと、あまりの長きにわたったゆえだったに過ぎぬと言っていいでありましょう。

まこと、ロンドに終わりはなく、人類は、遠からず同じ旋律を聞くに違いあるまいと思います。そのたび一インチであれ前進し、賢明になろうとするほか、対処の方法はありません。

国際金融のアーキテクチャーを巡る侃々諤々《かんかんがくがく》が、いま一度始まるものと思います。日本として、持てる経験と、知識の貢献に心がけたいものであります。

わたしは議場を見下ろす通訳ブースに入った。bankers with short memories and bankers with no memories という、発音にやや工夫が必要な対句の妙、それに「宿酔」と「過剰債務」で押韻するところを、意気揚々読み上げるはずが、不慣れと過剰な意気込みがたたって、通訳機のボタンを押し忘れる痛恨のミスをした。

隣にいたのが横田謙さんという著名な会議通訳者で、わたしの方にさっと腕を出し、目の前のボタンを押してくれた。その間麻生さんは「この機械、こりゃ日本製じゃないと思うよ」などと英語で場を取り繕い、笑いを取っていたから、わたしとしては申し訳ないやら、恥ずかしいやら。

わたしより九歳年上だった横田氏はこのとき六〇歳。低くて深い、よく通る美声の持ち主で、英語をことのほかきれいに聞かせた。この人がいると事前にわかっていれば安心して任せたらよかったのだと、あとで後悔した。

横田さんは四年足らず後、二〇一二年七月に、六四歳で他界する。声を失うか、命を失うか二つに一つという病を得て、氏は自分の声に殉じた。この人の死とともに、日本の総理大臣はふさわしい声で分身を務めてくれる民間通訳者を失い、その欠はいまもって埋められていない。

なお、「形影相伴う」、「過ぎぬ」、「あるまい」など擬古的文体は麻生氏が好み、実をいうとわたしも嫌いではないスタイルだった。

麻生氏には一種のお家流といおうか、衒学《げんがく》趣味・韜晦《とうかい》趣味がある。祖父吉田茂の息子で文芸批評家の吉田健一を軽井沢に訪ねると、「漫画雑誌がこう、堆《うずたか》く積み重なってたなあ」などと、回想したものだ。東西の教養に通じているくせに漫画愛好家であるところをことさら見せたがる辺りが、お家に共通、一種のスノビズム的趣味の存在を感じさせる。スタイルとして、擬古的文体をふさわしく感ぜしめる（なども一例）わけである。

所信表明演説に仕掛けた一節

次いで麻生氏は九月二九日、帰国早々第一七〇回国会劈頭《へきとう》で所信表明演説を読む。これの冒頭が、安倍氏がいう「話題になった」一節だ。

わたくし麻生太郎、この度、国権の最高機関による指名、かしこくも、御名御璽《ぎょめいぎょじ》をいただき、第九二代内閣総理大臣に就任いたしました。

わたしの前に、五八人の総理が列しておいでです。一一八年になんなんとする、憲政の大河があります。新総理の任命を、憲法上の手続にのっとって続けてきた、統治の伝統があり、日本人の、苦難と幸福、哀しみと喜び、あたかもあざなえる縄の如き、連綿たる集積があるのであります。

その末端に連なる今この時、わたしは、担わんとする責任の重さに、うたた厳粛たらざるを得ません。

　このときわたしは、麻生太郎という政治家を得た今でない限り、言葉として消し去られた「御名御璽」の相応《ふさわ》しい場での復活は、永遠に来ないと思った。

　総理大臣の任命権者は現憲法上天皇であって、墨痕鮮やかに手書きで書かれる辞令（官記）には、今上天皇の名（平成時代は「明仁」）の、陛下による自署がある。加えて、真四角な、「天皇御璽」の印が押される。

　すなわち「御名御璽をいただく」わけである。この事実を言うことが、なんの禁忌であろうものか。

　にもかかわらず戦前これを有り難がりすぎた反動か、日本の政治言説空間から右の四文字は消え去って久しかった。穏便を旨とする官僚風作文方針では思いつかない言及であるから、一回きりで終わるかもしれない。

　日本の議会制民主主義は周知のとおり戦前さまざまな構造的欠陥を抱え、軍部の壟断《ろうだん》を防ぎ得なかった。

　よしそうとしても、「廣《ひろ》ク會議ヲ興《おこ》シ萬機《ばんき》公論ニ決スベシ」と明治天皇が誓いを述べてこのかた、戦前の日本が憲政の歴史を外部勢力の手を借りず、おのれ自身のみによって紡いだ点、なによりも日本が独立自尊に成功した証である。当時としてはアジアにおいてはもちろん、世界全体でみても、少数の例外だった。

麻生氏における保守主義はその訴求力を日本における継続の偉大さに求めようとするものだから、右のように「憲政の大河」を言うことは、同氏にふさわしいことだと思われた。

安倍氏の国会演説には一度も関与したことはないが、「御名御璽をいただいて」という表現を、安倍氏は麻生氏のように喜び、採用しただろうか。

きっと、「それってちょっと気取りすぎかな。麻生さんだとぴったりだけどね」と言って採用しなかったと思う。少しでもわざとらしい何かが見えると、「あ、ここは取って」と言う人だった。

第10章　バイ・マイ・アベノミクス――希望について

「ワンス・アポン・ア・タイム。日本に、高橋是清という、財政家がおりました。帝政ロシアの軍事的脅威に、日本が、立ち向かおうとしていた時代です」

二〇一三年六月一九日、ロンドン金融街シティにあって古くから銀行家たちによる自治の中心として名高い「ギルドホール」の演壇に立った安倍総理は、そんなふうに話し始めた。

かつてロシアを日本が倒したこと、その際、日英同盟が大いに力になったことを、聴衆の意識において呼び覚まそうとしている。

「なんとしても、日本政府の国債を、ロンドンの銀行団に、引き受けてもらう必要がありました。そのためたった一人、高橋は、シティにやって来ました。そのとき、助けてくれたのは、誰だったでしょう。香港上海銀行ロンドン支店長、サー・ユーウェン・キャメロ

ン――。デイビッド・キャメロン首相の、高祖父に当たる方でした」

と、続く。ここは冒頭の「つかみ」として、「えっ、へーえ」と言わしめたいところ。

たしかに、誰も知らなかった歴史の逸話だ。このエピソードは『高橋是清自傳』「外債募集に使《つかい》して」の章を開いてみて、すぐ見つかった。英国に着いた高橋は、「香上《ホンシャン》銀行の取締役支配人サー・ユウエン・カメロン氏」と「懇親を結」んだとある。

このカメロンが当世言うキャメロンで、デイビッド・キャメロン首相（当時）の高祖父だと知るのにさして時間はかからなかった。現役首相はなにせ、パブリック・スクールの産、良家の出身と知っていたこともある。また高橋が、自伝にフルネームを書いていてくれたからできたことではあった。

安倍総理はそこから話を転じる。

高橋は、一九二〇年代に首相や大蔵大臣を務め、デモクラシーの開花に立ち会います。一九二五年には、男子普通選挙が確立しました。英国に後《おく》れること、わずか七年でした。しかし高橋が、才能をいかんなく発揮したのは、大恐慌が世界を襲った一九三〇年代のことです。実行したのは、典型的な、ケインズ政策でした。

ジョン・メイナード・ケインズが、「一般理論」を発表する五年前、高橋は一九三一年に、ケインズを先取りする政策を打ち、深刻なデフレから、日本を、世界に先駆けて救い出すことに成功したのです。

高橋は、私を勇気づけてやまない先人です。

デフレとは、だんだん体温が下がるような状態です。放置すると、消費者は、モノを欲しがらなくなります。今年より、来年もっと値段が下がるなら、最適な行動は、「キャッシュを溜めこむ」ことになります。

恐らく似た状況に、高橋は直面した。一九三一年、大蔵大臣に返り咲くと、「その日のうちに」、金の輸出を停止します。「その日のうちに」、というところが大事です。こびりついたデフレ心理は、一気に吹き払わない限り、取れないからです。

私は、まさに、それを、試みました。人々の期待を上向きに変えるため、あらゆる政策を、一気呵《か》成《せい》に、打ち込むべき、と、そう考えました。

強い、政治的意思がなかったせいで、デフレは退治できなかった。私が持ち込んだのは、それです。強い、政治的意思でした。

強調したい点が右に見える最後の段落にあることは言わずもがなとして、聴衆の意識下にサブリミナルな印象をいろいろ打ち込もうとしたことが窺われる。

男子普通選挙の実施で、日本は英国に後れることわずか七年に過ぎなかったという事実を言うのがひとつ。

デモクラシーを内生させ育てた例として、当時日本は世界史の奇観だった。戦前日本をとかく暗黒に塗りつぶしたがる英国知識層に、ちょっとばかり反省を促したところだ。

財政の出動による需要の創造を高橋は試みた、それがケインズより早かった――とは、何も安倍氏の卓見ではない。ただし英国の聴衆はあまり知らないだろうから、ここで口にしておくことで、日本を見る目に修正を迫る意味をもつ。

そこから畳み掛けるテンポで、「一気に」「一気呵成に」と続いて、前半の決め台詞《ぜりふ》「私が持ち込んだのは、それです。強い、政治的意思でした」と来る。

ここまでの主眼は一にも二にも、日本経済を停滞から救う強い指導者ついにあらわる、と、英国のインベストメント・コミュニティ（投資業界）に印象づけることだった。

高橋の挿話は、「へぇ」とか「ほぉ」とか（日本語の間投詞なら）言わせておいて、聴衆が「サビ」の旋律を期待するよう仕向けるところに目的があった。

二〇一二年一二月二六日の第二次安倍政権発足からおよそ半年、すでにこの日までに、安倍総理の経済政策には実績があった。それがゆえにできた強い自己主張だったといえる。

証拠のひとつは円ドルレートの推移。

安倍氏が自民党総裁としてサプライズ選出された日の前日、二〇一二年九月二五日から、一二月二六日の政権発足を挟んで、翌年一月末までを見ると、為替はこの間、国内産業基盤を根絶やしにしかねないほど苛烈な円高水準だった七七円台から、九一円台へ、二割ちかく切り下がっていた。

期待先行だけでそうなったのではない。一月二二日、安倍総理の強い意向のもと、政府・日銀間の、英国などでいう「アコード（政府中央銀行合意）」が署名をみた。前年比上昇率二パーセントの物価安定目標の実現に向け、日銀は政府とともにコミットすると約したものである。

声明書を手渡しに官邸まで来た麻生太郎副総理兼財務相、甘利明経済財政担当相、白川方明《まさあき》日銀総裁（いずれも当時）に対し、安倍総理が言ったように、それは「レジーム・チェンジともいえる」、「金融政策において大胆な見直しを行うもの」だった。

「今までとは、違う」。何かやりそうだという印象は、政権発足ひと月にして、市場に広まっていた。

ギルドホールの演説に対しては木村正人氏という在英ジャーナリストが「会場の英国人からは『日本人の政治家からこれほど明確なメッセージを聞いたのは初めてだ』という声が聞かれた」ことを伝えた。願ったところだったから、まずは上々の首尾だった。

またわたしは、通訳ブースに入り、能《あた》う限りのクイーンズ・イングリッシュを使いつつ、安倍総理の一言一句にシンクロさせてド派手な英訳（の朗読）をした。

「これほど明確な」の「これほど」の部分に、いくぶんか自分の熱弁に対する評価が入っていると思いたい。

「日本国」の投資家広報に力を注ぐ

安倍総理は第二次政権において「インベスター・リレーションズ（ＩＲ）」すなわち投資家広報活動に力を注ぎ、ロンドン、ニューヨークの金融二都を訪《おとな》うたび投資家コミュニティに直接語りかけた点でも、出色だった。

今井尚哉筆頭秘書官（やがて兼総理補佐官）にも、なんとしてもこういう場合総理に、との強い思いがあったろう。それもあって出馬が増えたと思うが、似た試みをした総理は、それ以前に一人もいない。

ソニー五八・六、富士通五六・八、任天堂四九・七、川崎汽船四九・三、そして日立製作所四四・四。各有名企業における、外国人持ち株比率（パーセント）の数字である（二〇二二年三月末現在）。

これら企業を率いるCEO（最高経営責任者）は、しばしば外国で「ロードショー」なるものをする、否、右の外国人持ち株比率からして、せざるを得ない。

「巡回興行（ロードショー）」という言葉のとおり、ロンドン、ニューヨークと順に訪れては、自社の経営についてCEO自ら方針や「パーパス（上位目的）」を語り、株主資本が効率よく使われているか精査しようとするアナリストたちの、厳しい質問に答えることだ。

例えば日立は「バイ（買い）」なのか、「ホールド（売り買い中立）」もしくは「セル（売り）」なのか。アナリストはそこを判断する。そしてアナリストを説得できなければ株主＝投資家はついてこず、株価は上がらない。

ロードショーを億劫《おっくう》がるようでは、CEOとして用をなさない。投資家たちに日立は「バイ」だと思わせるには、自社の先行きを語る日立CEOのナラティブが、共感を呼ぶものでなくてはならない。

安倍総理は、さしずめ「日本株式会社」のCEOとして、情け容赦ない外国投資家に向かって日本は依然として「バイ」なのだ、「セル」ではないと言い続ける必要を強く感じた人である。

この場合のスピーチは、相手国政府や首脳に向けたものであるというより、すぐれてインベストメント・コミュニティを意識したものとなった。IRを自ら本気で手がけた安倍氏は、そのためにスピーチを用いた初めての総理でもあった。

外国に向け日本を売り込まねばならないワケには、経済的動機と政治的理由とがある。かつその両者は、一方が正の向きへポジティブに変化すると他方に同じく好影響が及ぶ「自己強化」型因果ループをなす。

海外投資家が安倍式ナラティブ（「アベノミクス」と言い換えても可）を信じて日本株を買い上がるなら、日本企業には一層の投資と成長が可能になるから日本経済にとってプラスだ。

そうしてもたらされる強い日本経済と確かな成長力とは、日本が世界に何事か主張し、また米豪印など同盟相手に頼られるため必須である。それが例えばEPA＝経済連携協定の締結として結実すると、日本経済によい影響を及ぼす。と、このように、ポジティブで上向きの循環を起こし、定着させなくてはならない。

中国などがいう「FTA（自由貿易協定）」がもっぱら関税の相互引き下げを主眼とするのに対し、EPAは物品取引の自由化は当然の前提としつつ、知的所有権や環境、労働、データ流通など、はるかに幅広い範囲を覆って制度を揃えていく約束をいう。

ゆえに価値観の一致と政治的紐帯《ちゅうたい》を事前の前提とし、かつ事後的にそれらを強めていく。民主主義諸国との間でこそ結ぶ甲斐があるのがEPAだ。

日本は「オワコン」なのか？

果たして日本は大国であるか否か。大国でないなら中規模国か。

大中小の区別もさることながら、古くは聖徳太子が自国について言ったように、日本は「日出《いず》る処の」ライジング・サンの国なのか、それとも（聖徳太子によればチャイナの呼称だった）「日没する処の」シンキング・サンの国なのか。

日本はスーパー・パワーでこそないにせよ、自分で自分を「所詮《しょせん》はミドル・パワーだ」と呼んでしまう諦観には立ちたくない。「メージャー・パワー」の一角を占める国なのだと、気概を持ち続けたい。

いまがそうである（Ａ）だけでなく、一世代、二世代先にも、やはり頼れる存在であって斜陽の国ではない（Ｂ）のだと、そう強く打ち出す必要もあった。

これらが、安倍氏が訴えたナラティブを形作る。右にみたＡとは現在位置、Ｂは将来の時点であって、その間を経済成長が繋ぐのだと、安倍式ナラティブは言う。

いまと未来を成長が繋ぐなど当たり前ではないか、どこに新味があるのかと、訝《いぶか》る向きがあろう。しかし第二次安倍政権が登場した二〇一二年一二月の段階で、日本はまだ伸びる国だと、どれだけの人が思っていただろうか。

産業界はいわゆる六重苦、すなわち①円高、②ＥＰＡの遅れ、③高い法人税率、④労働市場の硬直性、⑤過剰な環境規制、⑥電力不足、電力コスト高に不平を鳴らし、これでは日本を捨て、本社を外国――シンガポール辺りに移すしかないと言わぬばかりの風潮があった。

一方、同盟相手の米国からは、「日本は一流（ティア・ワン）国なのか」という深刻な問いかけが出ていた。

面白みがなくてファンが去り、「終わって」しまったアニメや漫画、サービスなどのコンテンツを称して「オワコン」というのだそうだ。さしずめ日本は「オワコン」なんじゃないかという疑問である。

こんな印象が定着してよいことなど、ひとつもない。先刻来用いてきた説明に立ち返れば、経済停滞が政治的地位の低下を招き、それがまた経済の不振を呼ぶマイナス方向の「自己強化」型因果ループが出来上がってしまう。

ここにおいて第二次安倍政権は発足の当初から、経済を強くしてこそ国力が増し、それによって安全保障を確かならしめてこそ未来に見通しが立つから人々の心理を前向きにし、またそれが一層の成長を可能とするという、ポジティブな因果ループの実現をおのれの使命とした。せざるを得なかった。

せざるを得なかった理由は、内外にあってそれぞれに切実だった。

国内の背景から見るとして、日本における「希望の不在」という深刻な事情を指摘しなくてはならない。

一国の経済が成長するには、①労働投入量の増加、②資本装備率の上昇、③生産性の向上、という三つの経路がある。そしてこの三つしかない（サプライサイドから見た場合）。

①を伸ばすには移民を増やすのが手っ取り早いだろうと、米、英、豪、カナダ、イスラ

エルなどから来る外国人は判で押したように言う。

彼らが思い及ばないのは、日本で移民を増やすとは、中国人を増加させることにニアリー・イコールだという一事だ。それは必然の成り行きとして中国共産党の影響力を日本で伸ばす結果を招来することにも、移民推奨派の想像はあまり及ぼうとしない。

そもそも日本のように世界にまたとない、二〇〇〇年近い連続を維持した特殊な国（「ガラパゴス」と呼びたくば呼べ）に、まったく異種の文化的存在を入れることには、慎重なうえにも慎重でなくてはならない。

この点で菅義偉官房長官（当時）はやや前のめり、安倍総理は慎重という違いがあったけれど、安倍総理・政権が語った何百万という言葉の中に、「移民」の二文字は出てこない。
①を増やすには、王道中の王道がある。男女がペアとなることを決め、子どもをつくることだ。ただし今生まれる子どもは二〇年ほどしてやっと労働力になるのだから、必要なのは長い将来にわたる見通しだ。そこでの、希望だ。
②は、すぐれて経営判断にかかる。新たな機械を工場に入れるかどうか。日本国内にある工場に、カネをかけるのかどうか。設備投資が伸びれば、もちろん成長につながる。

現実はというに、ＧＤＰに対し実に六割に相当する額のカネが、日本企業（非金融法人）の統合貸借対照表ではその借方（資産サイド）にまったく果実を生まない現預金として眠る。

日本企業経営者は集合的意思として、日本の将来に投資できないと考えている。カネを遊ばせ、資本装備の充実などに使おうとしない。

経営者自身が日本の未来を信じていない。だから資本装備が増えない。またしてもその不在において際立つのは、未来への希望である。

同じことは③生産性の向上についても言える。ここでいう生産性とは厳密には全要素生産性といい、イノベーションと言い換えていい。

新技術、新商法、新組織をつくって成功させるなら、そこでつくプライスは、自分で決められる。利幅は当然にして大きく、経営者の実入りはいい。

カネの威力に目がくらんでくれて、大いに結構。儲け目指しておのれに鞭打ち駆け抜けるのが起業家で、その情熱は「アニマル・スピリット」だ。そういう人がたくさん出てこないと、経済は伸びない。

「失われた世代」に光を

しかし、そこで再び同じ問いに行き着く。日本に、あるのか。起業家を叢生《そうせい》させるに必要な、未来への希望は。

①から③までを初級の知識として説く経済学の教科書には、すべての背後に「希望」がなければならないことを教えない。けだし、希望こそが稀少財であるような経済は、人類史にあまり例がないからであろう。

一九八九年まで、女性ロックバンドのプリンセスプリンセスは、東京を「金のハンドル」で飛び回る自分の心象風景を指して、「ダイアモンドだね」と歌うことができた。

翌年二月二六日、それまでジリジリ下げていた日経平均株価は、当日安値で二三九七円八〇銭と大幅の下げを記録した。これが、バブル崩壊の始まりだ。

三月末日の終値は二万九九八〇円四五銭。前年末つけた史上最高値から、三カ月で八九三五円四二銭も下げた。

その翌日から始まった一九九〇年度、期待に胸膨らませて企業社会に吸い込まれていった大卒の若者は、一九六〇年代後半の生まれ。二〇一二年には、四〇代半ばとなって企業と社会の中堅戦力となっていた。彼らのすぐ後に、いわゆる「団塊ジュニア」が続く。

まさしく、こういった人たちである。世の中に出てこの方、拡大と成長を一度も経験したことがなかったのは。「失われた日本」で大人になり、中年になった「失われた世代」、ロスト・ジェネレーションだ。

一九九五年には、阪神・淡路大震災そしてオウム真理教による大規模テロ事件があった。二〇〇一年に米国を襲った同時多発テロとその後の推移は、超大国の行方について不安を抱かせたであろう。

挙げ句に、二〇一一年の大地震、大津波、原発メルトダウンと続き、明日をも知れぬ日々が現出した。

彼らは、未来がいまより良くなるだろうなどと楽観的な立場に、容易なことでは立つことができない。それどころか、積極的に将来を悲観したのがこれらの世代であった。動かぬ証拠というべきは、団塊ジュニアの男女がついに二人以上の子どもを産んで育てようとせず、続く時代に人口ピラミッドの膨らみを形成できなかったところに見てとれる。

そしてそれこそが、日本の少子化傾向を決定づけた。

先行世代のうち正規雇用されていた集団は、絶対的な雇用の安定を既得権として手放さない。しわ寄せは、彼らロスト・ジェネレーションのうち非正規雇用に甘んじた人々に集中した。

非正規社員に、雇用の安定などない。収入も伸びない。三〇歳で年収三〇〇万円に手が届かないのは許すとして、五〇歳になってもまったく同じ、三〇〇万円未満である（岩田規久男『「日本型格差社会」からの脱却』光文社新書）。

ひとは未来の計画が全く立たない環境で、結婚したいとは思わないのだろう、五〇歳男性の二八・二五パーセントが、一度も結婚した経験がない（国立社会保障・人口問題研究所『人口統計資料集』二〇二二年版。女性は一七・八一パーセント）。

かくして安倍総理は、日本株式会社のＣＥＯとしてせめて海外投資を呼び込もうと懸命になるのに加え、当初予期しなかった成り行きとはいえ、「ＣＬＣ」にもならざるを得なかった。「チア・リーダー・イン・チーフ（最高応援責任者）」の意で、筆者の造語である。

未来を悲観して二十数年も生きてくると、英語で言うところの「セルフ・エスティーム（自尊心）」、「セルフ・エフィカシー（自己効力感）」が、ともすれば低くなる。

自分で自分に価値を見いだせず、自分にはやれるんだという自信を感じられない。多少のリスクをとって冒険してみる意欲が起きず、守りと引きこもりに入ってしまう。

未来を明るく見ることができない世代、自尊心、自己効力感がともに極めて低い集団として、彼らは日本近代の歴史に前例をみない。

安倍総理はしたがって、それでも生きていくんだから未来に光を見ましょうよと、訴え続けなくてはならなくなった。

これはわたしがドラフトするもののすべてに一貫した基調となった。

国内向けに夥しい分量の「安倍節」を起案した佐伯耕三内閣副参事官（のち総理秘書官）においてまったく同様だったことは、第二次政権発足後すぐの二〇一三年一月二八日「第一八三回国会における安倍内閣総理大臣所信表明演説」がその締めくくりにおいて、

我が国が直面する最大の危機は、日本人が自信を失ってしまったことにあります。確かに、日本経済の状況は深刻であり、今日明日で解決できるような簡単な問題ではありません。〔中略〕

この演説をお聴きの国民一人ひとりへ訴えます。何よりも、自らへの誇りと自信を取り戻そうではありませんか。私たちも、そして日本も、日々、自らの中に眠っている新しい力を見出して、これからも成長していくことができるはずです。今ここにある危機を突破し、未来を切り拓いていく覚悟を共に分かち合おうではありませんか。

「強い日本」を創るのは、他の誰でもありません。私たち自身です。

と述べていたところから明らかだ。また、東京五輪・パラリンピックの招致とその成功など、まさしくそのため——先々に光と希望を見る一助となるようにと、精出してのことだった。

アーミテージ・ナイ・リポートの衝撃

さて、一方の、外的要因。

二〇一二年八月、日本において民主党政権がまだ続くと大方が予想し、安倍氏の復権、復活などおよそ想像する向きのなかったとき、米国からひとつ日本に痛棒《つうぼう》がくだった。

いわゆる「アーミテージ・ナイ・リポート」の最新版が出て、そこで日本はいったい米国とまともに組む資格をもつ「ティア・ワン・ネーション」か、と問われたのである(Richard L. Armitage and Joseph S. Nye, The U.S.-Japan Alliance: Anchoring Stability in Asia)。

「ティア・ワン・ネーション」とは要するに「一等国」である。日本は本当に一等国なの

かと問われたわけだった。いま同リポート冒頭部分からいくらか引用しておくと、

> 一等国とは、経済において相当の重きをなしつつ、能力の高い軍事力をもつとともに、視野においてグローバルで、国際問題に関して誰もが知るリーダーシップをもつ国をいう。〔中略〕米国がこの意味で一等国であり続けることに疑いを挟む余地はないとして、日本には決断が必要だ。日本はいったいこの先も、一等国であり続けようとするのか。それとも、二等国の地位へずり落ちることに甘んじてしまうのか。

とそう鋭く日本に迫ったうえ、日米の同盟は日本がまともな一等国であって初めて成り立つことを強く示唆した。

すぐさま感じられるとおり、不出来な息子だか、娘だかに説教する父親然とした、パターナリズム（父権主義的押しつけがましさ）の臭いがここにはある。

だとしても、ついに問われるべき問いが米国知日派の核心から出たという感じがあった。

リチャード（リッチ）・アーミテージ氏は元海軍軍人。主に共和党政権の要路で日米同盟の強化に腐心した。一方のジョゼフ（ジョー）・ナイ氏はハーバード大学教授で国際関

係論の大御所。「ソフト・パワー」概念をつくったことで名高いが、こちらは民主党政権に加わり同じく日米同盟の維持強化に意を注いだ。

二人とその周辺を取り巻く集団の意識こそが、民主党であれ共和党であれ、ときの政権の対日アプローチを決定づける。

日本は「セル」ではない、「バイ」なのだ、ゆえに日米同盟はいよいよ堅固なのだと、こここそは安倍総理によるワシントン政策コミュニティに向けた「投資家広報」が必要な場面だった。

わたくしは戻ってきた！

「ジャパン・イズ・バック」

安倍総理が就任二カ月弱で赴いた米ワシントンでの演説が、まさにこのワン・フレーズを強烈に印象づける点に意を用いた事情は、右の成り行きに照らしてご理解いただけよう。

鳩山由紀夫氏が総理となる前、沖縄・普天間海兵隊基地を「最低でも県外」に移すと安易に約束してからというもの、同基地の辺野古移設は見通しが立たなくなっていた。

来日したバラク・オバマ大統領が自身看板政策としたＴＰＰに関して都内で熱弁を振る

っている間、鳩山総理はもう都内にいなかった。外交日程があるとて、シンガポールに飛んでいたからだ。外国から首脳を招いた立場の受け入れ国首脳がさっさといなくなるなどは、外交史に残る椿事《ちんじ》である。

われわれは、米国ジャーナリズムに「どうしたの（ルーピー）？」とあきれられる人物を総理に戴く恥を忍んだ。

東日本大震災後、復旧のため米軍が尽力してくれたことはとりわけ日本国内で日米同盟に対する支持を増した一方、米国には、日本が果たして頼りになるか、日米同盟は強くできるか訝る向きが増えていた。東京では、毎年総理大臣が替わっていた。日本の先行きを不安視したのも、むべなるかなである。

すなわち日本は対米関係という外交・安保を支える基軸にぐらつきを生じさせていた。比喩ついでに言うなら、最大安定株主の信頼を損ね、割当増資に応じてくれるか案じられる局面だった。

二〇一三年二月二二日、安倍総理は練習に練習を重ねた英語のスピーチを読み始めた。ところは、米ワシントンの中道保守系シンクタンクＣＳＩＳの大会議室だ。

昨年、リチャード・アーミテージ、ジョゼフ・ナイ、マイケル・グリーンやほかのいろんな人たちが、日本についての報告を出しました。そこで彼らが問うたのは、日本はもしかして、二級国家になってしまうのだろうかということでした。

アーミテージさん、わたしからお答えします。日本は今も、これからも、二級国家にはなりません。それが、ここでわたしがいちばん言いたかったことであります。繰り返して申します。わたくしは、カムバックをいたしました。日本も、そうでなくてはなりません。

この二つ目のパラグラフについては英語で掲げることを許されたい。覚えてもらいやすい文章にしてあるからだ。

Secretary Armitage, here is my answer to you. Japan is not, and will never be, a Tier-two country. That is the core message I am here to make. And I reiterate this by saying, I am back, and so shall Japan be.

わたくしは、戻ってきた。そのわたくしが、日本の強さを取り戻す。このわたくしに賭けて、信じてくれと、これは安倍晋三なる人物が、自身の人格を賭しての切なる訴えである。異例だ。どこの国の首脳でも、こんなふうには言わない。会場は、安倍総理にいっせいに注目した。

説得力を自身の復活と覚悟に求めようとするレトリックは、中盤でこう続く。

ですから本日は、この場で、リッチ、ジョン、マイクやお集まりのご友人、ご賓客のみなさんのもと、わたくしはひとつの誓いを立てようと思います。強い日本を、取り戻します。世界に、より一層の善をなすため、十分に強い日本を取り戻そうとしているのです。

わたくしは、なさねばならない課題を現実とするべく、総理となる機会を選挙民に与えられました。わたくしはいま毎朝、大いなる責任の意識を重々しくも醒めて受けとめ、目を覚ますのであります。

いま、アベノミクスなるものがあります。わたしが造語したのではありません。つくったのはマーケットです。これは、三本の矢からなる私の経済活性化策のことを言います。日本では、デフレがかれこれ一〇年以上続いてきました。わたしのプラン、いわゆるアベノミクスとは、まずもってこのデフレを取り除くためのものであります。

と語ったここが記録として面白いのは、まだこの時点で安倍氏には自分の政策におのれの名を冠して呼ぶことに躊躇《ためら》いがあった事実を証《あか》しているところだ。

しめくくりは、あたかも「サビ」の主旋律のリフレインである。まずはスタッカートで読める短文を連ねた英語から。

The road ahead is not short. I know that. But I have made a come-back, just to do it. For the betterment of the world, Japan should work even harder. And I know I must work hard as well to make it happen. So ladies and gentlemen, Japan is back. Keep counting on my country.

続いて日本語で。

前に伸びる道は短いものでないことを、わたしは承知しています。しかし、いまわたくしは、日本をそうした国とするためにこそ、カムバックをしたわけであります。世界をよ

りよいものとするために、日本は一層の努力をしなくてはなりません。わたしもまた、目的実現のため懸命に働かなくてはならないのです。みなさん日本は戻ってきました。わたしの国を、頼りにし続けてほしいと願うものです。

ところでこのほぼ二カ月後、麻生太郎副総理兼財務相がやはりＣＳＩＳで英語のスピーチをした。冒頭のつかみはこうだ。

I am Taro Aso and I will say this. I AM BACK, too.

「アイ・アム・バック・トゥー（オレも、戻ってきたからね）」と、例のひしゃげた声で真似してご覧になるといい。安倍氏の講演がまだ耳朶に残る聴衆は、膝を叩いて喜んだことだろう。ここらは、安倍氏のスタイルにない麻生流関節外しワザである。余談だが。

安倍総理は例年九月末、国連総会に出るためニューヨークへ赴いた。合間を利用しては、金融・経済界との対話をもつことが定例化していく。

バイ・マイ・アベノミクス

「アベノミクス」を大いに宣伝した一例として、二〇一三年九月二五日、ニューヨーク証券取引所を会場に実施した演説がよく話題にのぼる。

「〔ウォール街の〕**名前を聞くと、マイケル・ダグラス演じるゴードン・ゲッコーを思い出します**」

と映画への言及で始まったスピーチは、終盤、大団円をこう作る。

「**ゴードン・ゲッコー風に申し上げれば、世界経済回復のためには、三語で十分です。**

『Buy my Abenomics』」

いまだから言うけれど、この三語は、わたしには思いつけなかった。教養の間口において狭隘《きょうあい》なわたしは、映画とスポーツ、ロックバンドの「メタリカ」まで出てくる絢爛豪華な本スピーチの起案者と擬せられることがまことに面はゆい。

この演説は何人かの合作であって、わたしはむしろ控え目な貢献者だったに過ぎない。それよりこのときはやはり通訳ブースに入り、せいぜいアメリカ訛りの英語にし、おおいに曲をつけて読んだ。そちらのほうが記憶になまなましい。

「バイ・マイ・アベノミクス」というフレーズ、時としてあざとく出た方が人の記憶に残るよい実例だ。ＩＲに懸命な日本国ＣＥＯの言葉として、永遠に残る三語と言ってもいいのではないか。

歴代総理の発信力

本章の最後に、少し近過去の歴史をみておこう。

中曽根康弘は、自身つくりあげたスタイルが荘重すぎて、ＩＲなどはできなかったに違いない。宮澤喜一は、英語がうまいと言われていた。語彙は豊富、学識は豊かだったかもしれないが、その英語は実のところまことに聞きづらかった。官僚的に過ぎ、「希望」を語るには、適役と言えなかった。

小泉純一郎氏は、その息子、進次郎氏がそっくり受け継いでいるけれど、もらった原稿をじっと読むのに堪えない人だった。英語で話すこともできなかった。

民主党時代の三総理となると、既に論及した鳩山氏を除き、菅《かん》直人氏は中国首脳との会談で一度も顔をあげて相手を見ることができない有様。野田佳彦氏も、外国人との応接をいかにも苦手としたのが傍目《はため》にも明らかだった。

日本は米国という安定大株主に納得を得て割当増資に応じてもらわねばならない——、

すなわち日米同盟強化に一直線で進まねばならない折も折、巨大化する中国を尻目に、戦略空間を一気に拡大する必要に迫られたまさにそのとき、そして長い不況の中、しおれかけた国民のガッツを呼び起こさなければどうにもならなくなっていたその局面で、どこにでも出て行って、ひたすら直球を投げ込む安倍晋三というコミュニケーターを得て、幸いだった。

口舌だけで、世の中など変わるものではない。しかし黙ったままでいては、本当に「二等国」扱いに甘んじなければならなくなっていたかもしれない。安倍氏率いる日本は、世界中のレーダースクリーンに、日本の存在を示す輝点を灯すことに成功した。

第11章　アジアで民主主義を語る意味——インドとの絆

安倍総理には、アジアの民主主義について二度、まとまって述べた演説がある。日印両政府肝いりの年次シンポジウム「アジアの価値観と民主主義」において、二〇一六年一月一九日と二〇一八年七月五日の二度にわたって、このテーマを論じている。

日本は、中国の台頭を受け、自らのアイデンティティを探るうち、安倍政権の下で、自由や人権、民主主義をめぐる価値の言語について、照れと衒《てら》いをようやく捨てた。それはよいとしても、日本に近在の、例えばインドネシアは、日本が「価値の言語」を語り始めたことをどうとらえるのだろう。

安倍民主主義スピーチが主たる聴衆＝ターゲット・オーディエンスと目した東南アジア諸国は、民主主義を日本が果たしてどう説明するのか、興味をもって注視した。

というのはほかでもない、彼らを長年収奪した英国、フランスやオランダが手をかえ品をかえいかに民主主義を説き、人権、自由を鼓吹《こすい》しようとも、マレーシアやベトナム、インドネシアの知的指導層には、しばしば空語として、虚《うつ》ろに響くのである。

それなら非西欧国の日本は、何をどう語るのか。民主主義は日本にとって、借り物でない、身の丈にあったものになっているのか。

日本がここを避けて通ると、違いを際立たせたかったはずの中国との差について突っ込まれでもした際、思想的準備がないまま口ごもることになりかねない。

意外に思う読者もいることだろうが、北京の公認プロパガンダによる限り、中国はれっきとした民主主義国である。

中国共産党には、各層指導者を互選で選ぶ手続きがある。政見、政策、主義と思想のあらゆる差を一切認めず、それでいて互選とは笑止だとしても、手続きとして互選が遍在する点を挙げ、民主主義は西側の専売品に非《あら》ず、中国にもある、と北京は言う。だとするとなおのこと、中国ブランドの民主主義などまがい物に過ぎないことを、そう直截《ちょくせつ》に言わないまでも、誰もがわかる程度には明快にしておく必要がある。

そのとき、安倍総理がアジアにおける民主主義を語りかける相手として選んだのはインドであった。

なぜインドだったのか。

日印両国とも、中国の拡張に警戒心を抱く。またどちらも、自分がアジアの一員であることに迷いのない自己認識をもっている。

またインドには、なかんずく当時政権に就いてなお日の浅かったナレンドラ・モディ首相には、偏狭な「ヒンズー・ナショナリスト」だとする負の印象を払いのけ、民主主義国として資格証明を掲げたいとする意欲があった。

「アジアの価値観と民主主義」を東京・デリー共催事業とし、双方の指導者が折々標題とするところを自分の言葉で語ることは、双方の利益にかなったわけである。

日本とインドは今世紀入りしてこのかた、とりわけ第一次、第二次安倍晋三政権において、とみに近づいたが、その著しい特徴は、経済的利益や安全保障上の利害と並行し、あるいは先行して、互いが民主主義を奉じる国家であるという、価値観における結びつきが重きをなした点にあった。ここは、日本が結んだ他の二国間関係にはあまり見られない。

貿易・投資の日印間交流は近年著しく増えつつあるとはいえ、日中間に存在する関係に及びもつかない。人的交流に至っては、依然として極めてか細い。独立行政法人日本学生支援機構の調べによると、在日外国人留学生数が直近では最も多かった二〇一九年（すなわち武漢に発した一大疫病が世界を襲う前の）五月一日現在、インドを出身国として日本に滞在していた留学生の数は、全体の第一六位。その数、二〇〇〇に満たず、ウズベキスタンの後塵《こうじん》を拝していた。中国からの留学生はその六六倍以上。比べるべくもなかった。

交流の実態がまだやっと成長の途についたばかりであったからこそよけい、安倍総理が二〇〇七年インドの国会で述べたように、インドを「世界最大の」、そして日本自らを「アジアを代表する」民主主義だと呼んで深まった日印関係の異色ぶりが際立つわけである。

インドは歴史、文化、風物の多様さや、人種と言語の驚くべき多彩さからして、容易な定義を寄せ付けない国にはちがいない。

しかし一点、あらゆる選挙を平和裏に実行し、軍事クーデターとは無縁、政権を選挙で交替させてきたところに一貫性をもつ。新興独立国のなかで、インドのような国が一体いくつあるか思うとよい。

そんなインドが友邦として存在し、中国に対する警戒心を共有してくれていたことは、日本が価値の言語で外交を推し進める際、どれだけ頼もしかったか。インド抜きなら、日本が掲げる旗と幟《のぼり》は、もっとはるかに目立たないものとなっていた虞《おそれ》を排除できない。

「われわれインドと日本は灯火である」

そうした両国の姿勢をよくあらわしているのが、二〇一四年九月二日、就任早々のナレンドラ・モディ印首相が、近隣国を除くと初の外遊先として選んだ日本でおこなった演説である。

デリーの首相府と連絡を取り合って訪日日程の準備をしたのは、既に在日インド大使の地位を退いていたヘマント・シンという人物である。

当時、シン氏と筆者が交わした会話から推し測るに、同氏の助言あってのことに違いあるまいが、首相はスピーチを実施する会場として、東京大学、慶應義塾大学、早稲田大学などを避け、あえて聖心女子大学を選んだ。

あたかも安倍晋三氏に「超国家主義者」だの、「反動政治家」だのといった悪罵《あくば》がつきまとったのに似て、モディ氏に対しては、「ヒンズー・ナショナリスト」であるとの攻撃が絶えなかった。

宗教的に不寛容である。多様性を喜ばない。敵対関係にある隣国パキスタンと、同国人の多くが奉じるイスラム教に対していたずらに対立的である、と決めつけ、難じるものだ。

ちなみにインドのマスコミは、世界有数のかまびすしさをもって鳴る。使用言語が英語であるから、インドにおけるモディ批判は、直ちにロンドンやシドニーで同様の批判に火をつける。

また、インドとは男性が女性に暴力を働くことを野放しにする国であるとの印象が、頻発したレイプ事件の報道を通じ徐々に広がってもいた。首相のスピーチによって中和を図りたい先入見のひとつであっただろう。

聖心女子大学を会場に選ぶことは、右の事情に照らし一石二鳥だったのだと想像できる。ヒンズー教以外の宗教（この場合はキリスト教）への敬意と、女性に対しとるべき正当な態度とを、ともに示すことができたからだ。

加えて聖心は、皇后陛下（当時。現上皇后陛下）が卒業された学校であるうえ、安倍総理夫人・昭恵さんの母校でもあったから、インドがスピーチに託した企図は一石三鳥だった——というように、スピーチにはデザインがあり、目的があって、それに即した「企み」がある事情を、はしなくもモディ首相演説から汲み取ることができたわけである。

やや驚いたことには、モディ首相はスピーチにヒンディー語を用いた。理由は推測の域を出ないけれども、日本におけるキリスト教女子大学という、モディ氏にしてみると「らしくない」環境にあえて身を置いた以上、インド国内で同氏の鉄壁支持層をなす中所得以下のあまり英語を得意としない人々に対し、帰属意識を示す必要を感じたのだったかもしれない。

さほど長くないスピーチに続いて、質疑応答の時間となると、同大学で国際関係を学ぶ二年生だという学生が立って、中国について尋ねた。地域に平和や繁栄を増進していくうえで、中国とはどう付き合うべきか、教えてほしいという問いである。出るべくして出た質問といえた。

モディ首相はやおら、「暗闇との闘い」を語り始めた。中国こそは一つの暗闇だと示唆したことは、文脈からして疑いを容れなかった。

「**暗闇とは、箒《ほうき》で掃き出そうとして掃き出すことを得ず、刀で切りつけたところで歯が立たない。しかしほんの小さなランプに火をともすなら、暗闇はたちどころに消える――。われわれインドと日本が共有する民主主義とは、その小さな灯火である**」

とそれが、モディ首相が若い学生の質問者に与えた答えだ。われわれインドと日本こそは、光の子。中国はひとつの暗闇である――。

明暗の対照において鮮烈であり、比喩において詩的ですらあって、これをその場の即興で答えたところなど、モディ氏において右のレトリックは付け焼き刃ではないことを強く印象づけた。

民主主義を旗印とし価値体系に重きを置く新たな外交を進めていくうえで、安倍総理がどれほどモディ氏の存在を心丈夫に思ったか、右の挿話から汲み取ることができるだろう。同時に読者は、民主主義を論じることが必然的に帯びる政治性に改めて気づくだろう。日本にとって、インドにとっても、それはモディ首相の隠喩を借りるなら、当方を光、先方を闇として描く行為に通じる。この場合の先方とは、ほとんど常に中国である。

民主主義への道のり

それでは、二〇一八年のシンポジウムにおける安倍総理のスピーチをみてみよう。なお挨拶、前置きの類、また朗読の便を考え多めに振られた読点、改行のいくつかは省略した。

〔アジアの価値観と民主主義というセミナーは〕**極めてユニークな議論の場です。世界的に、いや歴史的にも、本セミナーには類例が見当たりません。インドのナレンドラ・モディ首相が四年前の秋訪日された際、私との共同提案で始まったセミナーです。**〔中略〕

人類史上最大規模の民主的選挙を定期的に実施する。結果を毎回、着実に定着させる。そうやって今日に及ぶ国、それがインドです。私はそのことに、常々畏敬《いけい》の思いを抱いてまいりました。

それでいて、モディ首相は、民主主義とはおいそれとは育たないことを弁えておいでです。その点の認識も、私は同じでした。

民主主義とは、成長するのに何十年、というより、何世代もかかるわけであります。

日本にとって本年は、「明治維新一五〇周年」であります。一五〇年前、新しい国をつくるに当たって、ときの天皇陛下がなされた五箇条にわたる誓いの第一項が「廣《ひろ》ク會議《かいぎ》ヲ興シ萬機《ばんき》公論ニ決スベシ」でありました。

以来今日まで、私どもは、私どもの民主主義を、作り、育て、さまざまな試練と直面しながら、思えば果てしのない、歩みを続けてまいりました。

民主主義とはまるで、成長するのに長い時間がかかる樹木のようなものではありませんか。伸びるには、地下深く、根を張らないといけません。

また、ファスト・ファッションのTシャツではありませんから、民主主義を棚からもってくることもできません。サイズからデザインまで、誰が着てもそこそこ似合うという民主主義は、この世で手に入らないわけであります。

すべての民主主義は、国柄にあったテイラー・メイドでないと根づきません。また根づくには、大変長い時間がかかります。

それでも、究極において、民主主義に替わる制度は存在しない。それならば、アジアの各方面から少なくとも年に一度、それぞれが考え、あるいは悩む、民主主義の育て方について、知見と経験を持ち寄る場があるといいのではないか。本セミナーの着想は、そこから生まれました。

西洋渡来の、外来種でない民主主義。翻訳ではなく、土着の言葉と思想で語られる民主主義。それはどんなものか。議論を続けていきましょうというわけでした。

自分たち自身の民主主義をどう育てるか。そのための課題は、国によって、時代によっていろいろです。ひとつ、いついかなる場合にも確かなことは、民主主義の土台は、人の心に育つことです。

いま、民主化を進めるミャンマーで、小学校教科書の全面改訂が進んでいます。子どもたちの心に、早いうちから、自分で問いを立て、解決をさぐる力、つまり考える力を養いたいと、ミャンマー政府の方々はお考えになった。

これを私は、民主主義を育て、よいものにする努力をになう、未来の人材づくりに等しい事業だと受けとめました。

そのように考えて、厳粛な思いになりました。教科書全面改訂の仕事に、日本のＪＩＣＡを通じて、日本の専門家が何人もヤンゴンへ行っているからです。何年もかけて、ミャンマーの教育者たちと一緒に働いているからであります。

明治一五〇年、日本は、アジアの国づくり、民主主義の土台づくりのお手伝いができている。これを知ったなら、明治の世を開いた泉下の先人たちも、さぞ、報われる思いを抱くでしょう。日本がこれからもそんな信頼を得られる国であるように、努力を続けていきたいと思います。

本日ここには、前田専學《せんがく》教授はじめ、東方研究所から専門家の方々が参加されています。私は、故・中村元《はじめ》先生のお仕事が、先生自ら始められた東方研究所、東方学院を通じ、新たな世代に伝えられておりますことをまことに心強く存じます。

なんでも中村教授は、サンスクリット語、パーリ語、チベット語、英語、ドイツ語、ギリシャ語、フランス語のすべてに、通暁しておられた。お書きになった著書・論文の数は、日本語で一一八六点、英語など欧文では三〇〇点ほどだと伺いました。判明した限りで、なのだと承知しております。

驚嘆すべき業績であります。私は、このように偉大な、巨星というべき碩学《せきがく》と、せめて同時代の空気を吸うことができましたことを誇りに思います。

そのお仕事の中には、仏教やインドの思想が説く「慈悲」について、深くお考えになったものがあります。

「慈悲」には、サンスクリット語の語源として、「カルナ」のほかいくつかあるそうです。「コンパッション」などを、英語の訳として当てている。

先生の説かれるところ、「慈悲」を尊ぶ思想の根っこには、自分と他人は違わない、同じなんだという考えがある。

上下の差、優劣などはもとよりない。絶対者がひとり突出し、その前にあっての平等というのでもない、もともと、みなが同一、平等である。

そういう人間観があっての「慈悲」なんだと、それが、私などの理解しますところ、中村先生のお考えのようであります。

明治維新を推し進めたのは、当時の若者です。ほとんどがサムライでしたが、武士としては恵まれない、下層の出でした。

あなたもわたしもみな同じ、という発想を、彼らなら自然にもつことができたでしょう。それが、一人一票を原則とする議会の開設へと、変革のうねりを向かわせていったと、そう思えるのです。

「貧しきを憂えず、等しからざるを憂う」という、近代の日本に脈々と流れてきた私どもの感情も、ここに、ひとつの源を見出すことができるのでありましょう。

ことほどさよう、民主主義を育てる滋養も、ミネラルも、アジアの土地に、いろいろと含まれていそうに思います。

安倍官邸において実務者としての顔に加え歴史家兼政治思想家というべき立場をもち、安倍総理自身そのことを言祝《ことほ》いでいた兼原信克氏（当時内閣官房副長官補）は、若いころ屈託の日々に、なんでも中村元を貪り読んで救われたことがあったらしい。兼原氏は萩の産。吉田松陰を師と仰ぐ心ばえを、同郷の安倍晋三氏と共にしている。

この「アジアの価値観と民主主義」セミナーは、兼原氏がいたからこそ、実現し、継続した事情があった。演説で名が挙がった前田專學氏らに教えを仰いだのも兼原氏である。

その中村氏に『慈悲』という題名の著作があり、わたしはだいぶ以前に買ってそのままにしてあった。スピーチのヒントにと読み進めると、「慈悲」とは、ものみなを平等に眺める心の働きだと書いているではないか。「よし、書ける」と、このときようやく思うことができた。

なぜなら、日本には昔から、人や職業に貴賤なしと見たがる強い傾きがある。そしてあらゆる人を平等とみなす発想こそは、民主主義を育む土壌に違いないからだ。

徳川幕府を倒して四民平等の世をもたらした（安倍氏の故郷）長州や薩摩のサムライたちが、例外なく下級の出であって、身分によって人を差別する封建制度を「親の敵《かたき》」（福澤諭吉）とみた人々だった事実も想起された。時あたかも明治維新一五〇周年ならばなおさらだ。

民主主義への長い道のりは、彼らが踏み出して始まったのだと言うことで、日本は自身掲げる民主主義の看板が急ごしらえのペンキ塗りではなく、年経《としふ》りた、それなりに風格を帯びたものだと内外に主張することができる。

内に向いては日本人に静かで等身大の自信を与え、外に向いては、日本からの支援は性急な成果を求めないかわり、着実であきらめない人々に大きな期待を託すものだと伝える意味合いをもつ。

これこそは、ともすると教師然とし、高みから説きたがる気味のある欧米流とは違うところ、日本ならではのメッセージングだ。

明治維新以来一五〇年という時の流れに分断をもたらさないことは、演説におけるいまひとつの基調である。

先の戦争によって生まれた断絶は断絶として、戦後日本がわがものとした民主主義とその制度的基盤のあれこれは、戦前にその確かな淵源を求めることができる。

いちいちの争訟沙汰に記録を残すことは、判断から恣意《しい》性を排し、官僚組織を清潔にするうえでも重要だが、これらの法的慣習は少なくとも鎌倉時代にまで遡る。

遡る時系列を一五〇年前に局限したとしても、民主主義の確かな種子を少なくとも明治天皇の「御誓文」に見出すことができるという主張は、ある強い継続の認識を、――三代、四代前の祖先と自分を確かにつなぐリンクを、われわれに与えてくれる。

戦後占領期に受けた心の傷は深く、戦後教育が自傷行為を重ねてその傷を広げ続けたために、われわれは明治の人々が払った努力や、明治天皇の立てた誓いに関心を払わない。

関心がないところ愛情は生まれないから、明治の先人たちを愛せなくなったのが、戦後のわれわれだ。ところで民主主義とは、先達への尊崇なくして根づき得るものだろうか。

民主主義とはその育成と定着に気が遠くなるほど長い献身を必要とするものなればこそ、遠い昔の先人と自分とをつなぐ意識——歴史認識の土台というべき自覚を、条件として必要とする。自分自身に対する適量の自信は、民主主義を支える必須の精神的土台をなす。

スピーチは民主主義を説きながら、同時に、自傷行為に勤しむうち自分自身と父母、祖父母を慈《いつく》しむ心の習慣をなおざりにしてきた日本人に対し、ある種の慰藉を与えるようにも作られている。

中村元のような巨星がいたことや、そのともしたたいまつを伝えようとする無私の学究が後続していることとも、右にいう適量の自信の、その適量を濃く豊かにする。

また、すべては人作りに始まるとする主張は、わが国外交に繰り返し現れるニッポン・ブランドである。民主主義は人の心に根付く。人の心を育てるのは、幼い時期の教育である——と説きながら、安倍演説はミャンマーにおけるＯＤＡに事例を求めた。

例示されたミャンマーでの事業とは、日本の開発援助において前例や類例をもたないばかりか、世界を見回しても恐らく例をみない。

戦争で打ち負かした国に進駐した場合、あるいは植民地にした場合なら、対象国の初等教育教科書をすっかり改めることがあり得るだろう。

いずれでもないのに、いかに現地の学者や教師集団との協力においてとはいえ、日本が主体となってミャンマーの小学校教科書を算数、国語から、音楽、保健体育まで、全部真新しくしようとしていたのである。日本という国に対する無辺の信頼があって、初めて許せる類の協力だった。アジアの隣国たちに民主主義を説こうとする際、日本にその資格があると直ちに諒解してもらえる雄弁な実例だったのである。

その後、ミャンマーは軍政に後戻りした。民主主義への道のりは、いかにも長い。そして屈曲している。

二つの海の交わり

インドと安倍総理の縁《えにし》は、深い。二〇〇七年八月、第一次安倍政権時代に、インドの国会で「二つの海の交わり」と題して行った演説は、「インド・太平洋」概念を世界に初めて打ち出したスピーチとして知られる。

The different streams, having their sources in different places, all mingle their water in the sea.

インドが生んだ偉大な宗教指導者、スワーミー・ヴィヴェーカーナンダの言葉をもって、本日のスピーチを始めることができますのは、私にとってこのうえない喜びであります。

皆様、私たちは今、歴史的、地理的に、どんな場所に立っているでしょうか。この問いに答えを与えるため、私は一六五五年、ムガルの王子ダーラー・シコーが著した書物の題名を借りてみたいと思います。

すなわちそれは、「二つの海の交わり」（Confluence of the Two Seas）が生まれつつある時と、ところにほかなりません。

太平洋とインド洋は、今や自由の海、繁栄の海として、一つのダイナミックな結合をもたらしています。従来の地理的境界を突き破る「拡大アジア」が、明瞭な形を現しつつあります。これを広々と開き、どこまでも透明な海として豊かに育てていく力と、そして責任が、私たち両国にはあるのです。

インドでは知らない人がいない、世界の宗教界に燦然《さんぜん》と輝く偉人、スワーミー・ヴィヴェーカーナンダに言及することで始まった同演説は、デリーの知識層においていまだに広く語り草となっている。

このインド訪問は、安倍総理にとって、別の意味で運命的な旅となった。このとき、安倍総理は持病の潰瘍性大腸炎を悪化させていたのである。

先立つ七月の参議院選挙で、安倍氏率いる自民党と公明党は改選前議席を三〇減らし、参議院に野党優位のねじれ状態をもたらした。

安倍総理は一七歳のとき、下血があって罹病を知ったようだ。自分の免疫システムが自身の大腸壁を敵と思い込んで攻撃してしまい、腸壁が剝落する。それが下血となる。世界中に罹患者をもつ病気だけれど、発症の機制は依然わからない。

多くの患者が、悪い時期が続いては持ち直し、また悪くなるという循環を経験する。安倍氏の場合、代議士となって間もなく病状が深刻化、大腸全摘を検討した。政界引退やむなしとも思った。

第一次政権が、総理の座を前任・小泉純一郎氏から禅譲されて発足したのは二〇〇六年九月二六日。その直前まで約一年官房長官の激務をこなし、病状に悪化なく過ごしていたから、きっとできると思ったらしい。しかしすべてに責任を負うほかなく、あらゆることに決断を迫られる総理の仕事がもたらす緊張は、それ以前の比でなかった。

インドに行った二〇〇七年の夏は、症状が急速に悪化、粥すら口にできず栄養をもっぱら点滴で補う状態だったという。

デリーからベンガル地方コルカタに移り、東京裁判でインド代表判事を務めたかのパル判事の子息に会いに行くけれども、同伴の昭恵夫人は、いますぐ旅をやめてくれと、泣いて訴えた——ところを、ムリナリニ・シンさんという駐日インド大使夫人が目撃した。大使夫人と昭恵さんはこれがあって深い親交を結ぶ。

結局、その年、一年前の就任日と同じ九月二六日に政権を去ったのは周知のとおりだ。「二つの海の交わり」は、インドの指導層がみな強く記憶に残した。やがて豪州や米国で、知られるに至った。

英国からみて「極東」と一括された地域の枠を広げ、「アジア・太平洋」と呼ぶことにし、広めたのは大平正芳首相とボブ・ホーク豪州首相（いずれも当時）だった。一九八〇年代のことで、それは韓国や台湾、シンガポールの台頭を包み込む新たな地理的概念となった。

いまやインドの力強い民主的発展を取り込み、中国の強権的拡大を中和しようとして、安倍総理は地理のコンセプトを「インド・太平洋」に拡大した。これが、のちに日米豪印「ＱＵＡＤ（クアッド）」を支える概念ともなる。安倍氏が没したのち、米国や豪州の有識者や議員たちが何人もこのことに言及し、インド国会での演説が、その濫觴《らんしょう》だったと述べた。「二つの海の交わり」というスピーチは、そのようなものとして長く記憶されるだろう。

幻となったインパール演説

いまわたしの手元には、いつか安倍総理にインドで読んでいただくつもりだった、一本の草稿がある。

二〇一九年の暮れ、安倍総理は首脳間定期相互訪問のローテーションで訪印するはずだった。ほかならぬインパールへ行き、往時を偲ぶ短い発言をなさる予定だった。これが流れてしまったことを、安倍総理はかえすがえす、残念に思っていたに違いない。

同年の六月、インパール作戦の激戦地マニプールに、日本財団の支援によって「インパール平和資料館」が竣工していた。一二月には、そこにモディ首相とともに行く約束となっていたのだ。

実現せずじまいとなったのは、同年の一〇月以降、マニプールを含むインド東北地方に「市民権法」改正に反対する大規模な抗議行動が起き、一時的に治安が悪化したためだ。

新型コロナウイルスの第一号患者は、そのころ中国・武漢で発生していた。中国政府は初動を誤り、恐るべき疫病が世界に広がるのを放置したから、訪印は無期延期になった。

そして二〇二〇年の九月一六日には、寛解していたはずの潰瘍性大腸炎を再び悪化させてしまった安倍総理が、政権を去った。

「また今度がある」と思っていたインパールの訪問はついに実現せず、そしていま、永遠に、できないこととは、あいなってしまった。

以下に掲げるのは、総理の決裁を得る以前の未定稿である。もっとも、安倍総理の目に一度触れてはいる。

ここインパールに立ち、いまや遥かなる往時を偲ぶことは、私にとって、長年、いつかはと、自らに念じてきた課題でした。昭和から平成、令和へと、時代が移るにつれ、思いはむしろ、強くなるばかりでありました。

いま、畏友《いゆう》ナレンドラ・モディ首相のご配慮を得て、実現したことに、感懐、ひとしおなるものを覚えます。

いましがた見た平和資料館は、戦争中の当地で起きたことを静かに訴えて、後世の私ど

もの、魂を揺すります。完成に力を尽くされた皆さまのご努力に、深甚の敬意を表します。全滅に次ぐ、全滅。熾烈というも、無惨な戦場でした。弾薬なく、糧食尽きて、クスリの一粒、包帯の一片とてない。雨水に湿ったマッチは、容易に火を起こさなかったでしょう。

あたら、若い命が、火線を仮に生きのびたとしても、マラリヤで、デング熱で、赤痢、果てはペストで没していった。

ここに立つことは、それら将兵や、あるいは彼らを助けようとして自ら斃れた看護婦たちや、無数の人々のかそけき声に、せめて心をしずかにし、耳を澄まそうとすることでなければなりません。

ここから、ミャンマー、雲南省にかけての一帯は、さもなければ平和な地であったに違いないのに、戦争は、一方的に当地の人々を襲い、数知れぬ、悲劇を引き起こしました。

いまさら私がこうべを垂れたとしても、過ぎ去った時、失われた命と財産に、戻って来るものはありません。

だとしても、私はここに、日本国民を代表し、しばし瞑目します。当地にあった、無辜の、無名の、無数の民のため、また、もとより、干戈を交わし合った、連合軍、インド国民軍、日本軍、すべての人々のために、鎮魂と、哀悼の、誠を捧げます。

　あれから三四半世紀、日本は、平和を尊び、人の命を重んじて、国内はもとより、遠い、異国の地にあっても、一人、一人の、人間の力を養い、自由と、民主主義を培っては、それを確かなものとする営みに、営々、尽くしてまいりました。

　幸い、努力は、日本に対する評価となって、実を結んでいます。このことを、当地に斃れた人々は、せめてもの慰めと、受け取ってくれるでしょうか。そうであってほしいと、私は念じ、これまでの歩みは、この先とも、揺るぎのないことを、お誓い申し上げたいと思うのであります。

　鉄兜《てつかぶと》の、錆《さ》びた一片、朽ち果てた、軍刀の欠片《かけら》。どんな手掛かりが、残っているのでしょう。日本兵のご遺骨は、まだそのあまりにも多くが、かえりみられることなく、当地のあちら、こちらに、散らばったまま、かなわぬ帰国を待っています。

　私は、戦後ごく早いうちから、遺骨の収集にお力を貸してくださった、この地域の人々に、衷心《ちゅうしん》から、御礼を申し上げます。このたび、インド政府の寛大なご理解を得て、向後三年、ご遺骨収集に、一層力を傾注していく運びとなりました。心から、嬉しく存じます。関係する方々すべてに、御礼を申し上げます。

鎮魂と、慰霊の旅を、モディ首相は実現させてくださいました。そのことに対して私はモディ首相に、もう一度、感謝を申し上げます。モディ首相、有難うございました。

戦後の総理たちは、果たして従軍看護婦の英雄的献身に感謝の言葉を述べたことがあっただろうか。このスピーチが、最初の一例となればよいと思っていた。

安倍総理は果たしてこの原稿にどんな指摘をし、インパールでどのように語りかけたことだっただろう。もはや、想像してみることしかできない。

結びにかえて――最後の「スピーチ」

ここまで読んでいただいた各章のもととなったのは、筆者が勤め先の慶應義塾大学大学院（システムデザイン・マネジメント研究科）において令和四（二〇二二）年四月から七月まで「外交とスピーチ」というテーマで行った講義のため、その都度、書き下ろしたものである。

スピーチを材料として安倍外交を顧《かえり》みる営為は、始めてみると意外に面白かった。自分では理解しているつもりのことをひとにわかるよう説明するのは、古いアタマに刺戟《しげき》となったからだ。手間暇はかかったけれどもテクスト作りを楽しんだ。

考えてみれば、「外交」、「スピーチ」という二つを「と」で結んで並列させ、二者の関係をみるという問題の捉え方自体が、安倍総理をまって初めて可能となったものだった。

安倍氏以前には、あれほどたくさん外国向けに演説したい、重要なものは英語でやりたいとやる気を燃やした総理大臣は、いなかった。意欲が仮にあったところで、短命政権には望んでも無理だった。だからスピーチを通じて外交を論じた本など、これまで成り立たなかった。本書は、ほとんど自動的に、近代日本史を通じて初の試みとなる。ひとえに、安倍氏の業績が類例のないものだったからだ。

　筆者の勤務先に安くはない授業料を自分で払って集まる大学院生たちは、大半が社会人だ。キャリアの半ばにさしかかり、自分で自分を鍛え直そうと、仕事や家庭、ときには老親介護との両立にもがきつつやってくる。彼らを面白がらせる秘訣は、わたしの見るところひとつ。話をする講師自身が面白くてならない、そんな話をすることだ。テクストは事前に読んできてもらい、講義はひたすら質疑応答というスタイルで進めたが、質問は毎回活発で、察するところ、面白がって聞いてくれたことと思う。

　いやもしかすると、ほかにも事情があった。

　どうやら彼ら社会人学生の目の前に現れた谷口智彦なる人物は、ロックシンガー宮本浩《ひろ》次《じ》の歌がたまたま耳に入ってそのメッセージが前向きだといっては安倍晋三を思い、一〇代の日本人女性アスリートが世界の舞台で離れ業に挑戦し、あえなく転倒すると、外国の選手たちがたくさん駆け寄ってきて抱きしめてくれる――、「いいなあ」と思うと次の瞬間には「安倍さんも感激するだろうな」などと思っているという、二四時間三六五日、ひたすら念を安倍晋三方面に飛ばし続けている珍種であることがわかり、奇観であるとして珍重、愛でてくれたのかもしれない。

七月八日、講義最終回のため、インドにおける安倍スピーチのことを書き始め、ようやく筆に勢いが出たところだったか、スマホのニュースをチェックしていた妻がわたしを呼ぶただならぬ声が聞こえた。

安倍さんが撃たれた！

そこからは、自分がふとしたはずみにパラレルワールド（並行世界）に入り込んでしまい、こんなことになっているのであって、元の世界では安倍晋三氏が元気に生きているのだ、と思いたかった。

元の世界で安倍さんは、さあ選挙も終わった、まずは台湾に行こう、イギリスやアメリカにも行こうと思っている。で、携帯を取り上げて谷口を呼び出し、「あ、安倍晋三だけどね。今度、ちょっと台湾と、それからイギリスへ行くことになってね」と言う。

言われたわたしは、もらった仕事をねじり鉢巻きで仕上げるのを喜びとしつつ、安倍総理と一緒に老いていく未来にそこはかとなく幸福を感じている……。

そんな可能性が、突然絶たれた。

本書の最後に、筆者の耳にまだ新しい二つの「スピーチ」を掲げておきたい。あえてカギ括弧《かっこ》でくくったのは、いずれも筆者が録音を自ら書き起こして再現したものであって、原稿が存在しないという事情による。

生前最後の「外交スピーチ」

まず、奇しくも生前最後となった安倍総理のある「外交スピーチ」を初めて活字の形で公開したい。亡くなる一月と一週間前、六月一日に、日米協会の催しで安倍氏が語ったものだ。安倍氏は、二〇二〇年一一月、由緒ある日米協会の名誉会長に就任していた。これはその立場で、新任米国駐日大使ラーム・エマニュエル氏を歓迎して述べた挨拶だ。

筆者は安倍総理から電話をもらって、同「スピーチ」のため、材料を提供し、構成を提案した。原稿は差し上げていない。具体的に何をどう言うかはご自身で練って臨まれた。

武漢に患者第一号をもつ忌まわしい疫病が強いた自粛があけ、大きな会場に久方ぶりで集まった聴衆は安倍氏の話を聞ける喜びを満喫していた。だからところどころ、「笑」と記して会場の寛いだ雰囲気を示してある。

一昨年、日米協会の名誉会長に就任しました安倍晋三でございます。本日は、エマニュエル大使を日米協会にお迎えできることを、たいへん嬉しく思っております。

エマニュエル大使は四二代の駐日米国大使でございますが、シカゴ出身者であります。一一〇年前に、シカゴ出身者の方がおられたんですが、たった一年間の駐在で帰られたそうでございますので、実質的には、シカゴ出身大使としては、初めての大使となるわけであります。

アメリカにとっては、シカゴというのは最も愛すべき街の一つであるというのは、申し上げておきたいところです。

改めて、大使の日本への赴任を、心から歓迎したいと思っております。みなさん、大きな拍手でお迎えください（拍手）。

先般、バイデン大統領が訪日をされまして、エマニュエル大使のご尽力もあり、大成功に終わったと、わたしは思っております。大きな成果があったのではないかと思います。

そしてその際に、日米豪印の「クアッド」も開催をされました。クアッドについては、この四カ国の連携について、今から一六年前、第一次安倍政権の時に、わたしが提唱したものでもあります。「知的財産権」を主張するつもりはございませんが（笑）、その際、日米豪印の協力こそが地域の平和と安定につながる、そしてインド太平洋地域における普遍的価値の定着と広がりにもつながっていくということを申し上げたわけでございますが、ただ当時はまだ時期尚早でございまして、紆余曲折があった末に、局長級の会合に終わったのでございますが、その後第二次安倍政権が発足をいたしまして、わたしは執念深い男でございまして、なんとか実現したい、首脳級を実現したいと考え、政権の末期に外相級の会議をおこなうことができ、そして今般、日本でクアッドの会議が開かれたことは大変感慨深いものがあるわけでありますが、大変時宜を得た会議となったと思います。

　まさに日米豪印、自由と民主主義と基本的価値と、そして法の支配を重んじる国々の、四カ国のリーダーが集ったことによって、この価値の輝きを世界に示すことができたのではないかと、このように思います。

　エマニュエル大使は、これからの三年間、日米がどれほど協力できるかが、今後三〇年の両国の立ち位置を決める。そして民主主義の力を決する、と、このように仰《おつしや》いました。このエマニュエル大使の発言に賛成かどうかと、こう問われれば、わたしは三つの答えを用意しております。イエス、イエス、イエスであります（笑、拍手）。

マンスフィールド大使はかつて、日米の間柄は、世界で最も重要な二国間関係だ、「bar none」「まったく例外なし」と仰っていますが、この言葉は、当時よりも現在のほうが、まさに真価を発揮しているのではないか。このように思うわけであります。

現在も、残念ながらロシアのウクライナへの侵略は続いている。その中で、ウクライナの人々は自国を守るために命を賭けて戦い抜いています。この姿から、わたしたち日本人は何を学び取ることができるか。アジアに引き寄せて、そして日本に引き寄せて、考えなければならないと思います。まずはやはり私たち自身が自国を守っていくうえに、また地域の安定と平和のために、さらに努力を積み重ねていくということであります。

同時に、日本には、幸い、米国というすばらしい同盟国が存在します。日米同盟を、より強化をしていく、日米同盟の強靭化を図っていくことは、日本の、そしてインド太平洋地域の平和と安定につながっていくのではないか。このように思います。

その意味におきまして、先ほど申し上げました、自由、民主主義、人権、法の支配というこの価値観を、身をもってこの重要性を理解をしておられる、そしてこの価値をしっかりとしたものとして世界に定着させていくうえにおいて大きな努力をしてこられたエマニュエル大使の、大使としての日本への赴任を、本当にわれわれも歓迎をしたいと思います。

そして同時にエマニュエル大使とともに、われわれは日米同盟が世界のさまざまな課題に共に取り組んでいく、そういう同盟にしていきたいと思います。そうすることによって、まさに日米同盟は世界の人々にとって、わたしは「希望の同盟」となっていくんだろうと、こう期待をしているところでございます。

そして、最後に、エマニュエル大使から四一代前、初代の大使、当時は公使でありましたが、タウンゼンド・ハリス公使の、これ、日記なんですが、これをのちほど、プレゼントをさせていただきたい、と思います。

当時の日本は、ハリス公使を信頼し、そのことによって、ヨーロッパよりも先に、開国の条約を米国と結ぶことになる、と、そういう事情もここに書かれておりますし、また、ハリス公使が多くの日本人と会うなかにおいて、市井《しせい》の日本人に対する評価、市井の人々がどのようにハリス大使《ママ》の目に映っていたかということも書かれています。

日本人は、衣食足りて礼節を知る国民で、そしていつもニコニコしていたということが書かれています。もちろん、おそらくこの日記が日本人の目に触れることを予測していてですね（笑）、多分に外交辞令も含まれているんでしょうけれども、そのように、われわれもエマニュエル大使に接していきたいと、こう思っているところでございます。

おそらく、これからも、常に、日米間にはいろんな課題が生じます。しかしエマニュエル大使は、課題が困難であれば困難であるほど、ファイトを燃やす方だと、承知をしておりますので、エマニュエル大使とともにさまざまな課題に直面するでしょうけれども、それをしっかりと乗り越えながら、日米関係をさらに発展させていきたいと思います。改めまして、ようこそ日本にお越しをいただきました。ありがとうございました。

以上は、おおまかな流れとポイントを頭に入れ安倍氏が即興で披露したものである。語尾に「ございます」が多くてややくどいが、そのままにした。

おおやけの文書として後世に残そうとすると、文章にあまり無駄は作れないけれど、これはこれで臨場感に満ちた話しぶりである。なお書き起こしながら改めて気づいた。日本の二文字を、安倍氏は常に「にっぽん」と呼んでいた。

昭恵さんの「謝辞」

原稿が存在せず、「スピーチ」を読んだという意識が話し手に毛頭なかったのは、次に、そして本書の最後に紹介する安倍昭恵夫人の言葉だ。

令和四年七月一二日、安倍家が芝・増上寺で営んだ葬儀で、麻生太郎元総理・友人代表の弔辞を受けて、昭恵さんが話した「謝辞」（喪主挨拶）である。このたび許しを得て、筆者が録音から書き起こしたところをおおやけにしたい。

七月九日、筆者は、安倍氏夫妻が二階、実母の安倍洋子氏がその上、三階に住む渋谷区富ヶ谷の共同住宅に行き、奈良県立医科大学附属病院から帰宅するご遺体と、昭恵夫人を、他の人々に交じって迎えた。

自邸ガレージの天井高との関係で、到着したのは車高の低いメルセデスの寝台車だったが、覚悟のうえ準備して向かったのであろう、黒一色の出で立ちでクルマから現れ、われわれ一人ひとりを見て一礼した昭恵さんの様子は一生忘れられまい。涙の涸れた人の顔というものを、初めて見た気がした。

それからわずかに三日後の葬儀で、昭恵さんが手元に一枚の紙も置かずに話した謝辞を、以下に再現する。

それは冒頭、ほとんど聞き取れないくらいの小さな、吐息のような声で始まった。

昨日も、それから、本日の告別式、岸田総理はじめ、みなさまがた、お忙しい中、また

お暑い中、ご参列をいただきまして、ほんとうに、ありがとうございました。

また、いま、麻生総理からは、心温まる弔辞をいただきました。主人は、麻生先生のことをほんとうに憧れていたので、喜んでいることと思います。

あんまりにも突然のことで、わたくしも、まだ夢を見ているような、そんな気がしています。

あの朝は、安倍の母のところで、一緒に朝食をとって、そして八時ごろ「行ってきます」と、元気に家を出て行きました。

一一時半ごろ、事務所から電話がかかってきて、「代議士が撃たれました」。

「えぇー」、と、大きな声を上げてしまいましたが、「まだ詳細がわからないので、洋子夫人には言わないでください」ということで、わたしは目の前にいた母の手前、冷静を装いましたけれども、そのあとテレビですぐ報道がありましたので、急いで支度をして奈良に向かいました。

新幹線に乗って、京都で乗り換えて、駅からすごく渋滞をしていたので、病院に着いたのが五時少し前ぐらいになってました。

院長はじめ、先生方から、ご説明があり、あぁこれはもうむずかしいんだろうなという覚悟はありましたけれども、主人の顔を見ると、……なんだか笑っているような、穏やかな顔で、手を握ると、そして、わたしが耳元で声を掛けると、ほんの少しだけ、手を握り返して、くれたような気がいたしました。

　わたしのことをきっと、待っててくれたんだろうなというふうに思い、そしてそれまで何時間も心臓マッサージをしていた先生に、「もう結構です」と、いうふうに言いまして、五時三分に息を引き取ることになりました。

　今年わたしたちは結婚をして三五年を迎えました。結婚してすぐに安倍の父が発病をして、そしてその後他界をいたしまして、わたしたちは山口県下関市に住所を移しまして、来る日も来る日も、後援会の方たちの中を回る日々でございました。

　後援会の方たちに、ほんとうにお支えをいただき、おかげさまで連続当選をさせていただいてまいりましたけれども、その間、持病の潰瘍性大腸炎を何度も発症して、長期入院したこともあり、政治家としてはもうむずかしいのではないかなあというふうに思ったこともありましたけれども、けっして、主人はやめるということは言いませんでした。

　そしてみなさまがたご存知のように、どんどん偉くなっていきました。どんな立場になっても、けっして主人は偉そうな態度をとることもひとに偉そうなことを言うことも、ない人だったのではないかなというふうに思っています。いつもひとに囲まれて、ユーモアをまじえた話をして、ひとに笑ってもらうのが、大好きな主人でした。たいへんなことも、たくさんありましたけれども、いつもいつもわたしをかばってくれて守ってくれて、ほんとにいい主人でした。

主人と結婚したおかげで、できないような経験をたくさんさせてもらって、わたしはほんとに、感謝をしています。

もちろん、政治家として、まだまだやり残したこともあったと思いますけれども、多くの人に囲まれることが好きだった主人にとりましては、これだけ、世界中の方に惜しまれて、悲しまれて、旅立つことができることを、きっと、主人も最後、喜んでいるのではないかなというふうに思います。

六七歳。ほんとにまだまだ、一〇〇歳の時代、若いと思いますけれども、安倍の父が亡くなったのも同じ六七歳でした。

父が亡くなったあとに主人は追悼文を書いておりまして、その中で、山口県の吉田松陰先生の留魂録を引用しておりました。

吉田松陰は、ご存知のように三〇前で若くして亡くなっていますけれども、「一〇歳には一〇歳の、おのずからの春夏秋冬、季節がある。二〇歳には二〇歳の、三〇歳には三〇歳の、五〇歳には五〇歳の、そして一〇〇歳には一〇〇歳の、それぞれの人生に、おのずからの春夏秋冬、季節がある。安倍晋太郎は総理を目前として亡くなり、志半ばで残念だとひとは思うかもしれないけれども、きっと父の人生は春夏秋冬があったのだろう。いい人生だったに違いない」というようなことを書いていたように記憶しています。

主人の六七年も、きっと、彩り豊かな、ほんとにすばらしい春夏秋冬で、大きな大きな実をつけて、そして冬になったのだろうと、わたしは、思いたいと思います。

そして、その種がたくさん分かれて、春になればいろんなところから芽吹いてくることを、きっと主人は楽しみに、これから見るのではないかというふうに思っています。

安倍の母は、先月、九四歳になりました。ほんとに主人は、母親思いのやさしい息子で、しょっちゅう一緒にお散歩をしたり、昔住んでいた辺りをドライブしたり、母のことを思って、いつもいろいろなことをしていたので、年老いた母を残して、逝ってしまうことは、心残りのひとつなんではないかなと思います。

わたし自身も、あまりにも突然のことで、これからの将来のことを考えると不安でいっぱいですけれども、またみなさまがたにお頼りすることもあると思います。どうぞよろし

くお願いを申し上げるところでございます。

主人はいつも、自分の人生があるのは、たくさんの方に支えていただいているおかげだというふうに言っておりました。主人に代わりまして、改めて、お世話になりましたすべてのみなさまがたに感謝を申し上げまして、ご挨拶とさせていただきたいと思います。ほんとにありがとうございました。

話し手と聴き手に強い情念の結合ができるほど、すばらしいスピーチはない。右に掲げた昭恵夫人の謝辞をもって締めくくれることを、本書に与えられた僥倖と考えたい。

＊　＊　＊

本編に掲げた文章の多くは、時制を過去形に修正すべきであろうが、あえてそのままとした。時間的に窮屈な作業を、いっそうの情熱込めて進めてくれた文春新書の前島篤志編集長、筆者の講義に毎回出てくれたうえ、前島氏への仲立ちをしてくれた湯原法史氏に、心からなるお礼を申し上げたい。

安倍晋三氏は、もはや帰らぬ人だ。筆者がまずささげるべきは感謝の言葉であろう。その御霊が永遠の安らぎを得たことを、せめてもの喜びとしたい。もし誰かに転生して此《し》岸《がん》に戻ってきてくれるなら、わたし（とわたしの妻）の生物学的生命が残っている間にしていただけると嬉しい。

令和四年八月三日

著者識す

谷口智彦（たにぐち　ともひこ）

1957年香川県生まれ。安倍政権で内閣審議官、内閣官房参与として安倍晋三総理の外交政策スピーチを手がけた。東京大学法学部卒業、『日経ビジネス』誌で約20年つとめ、同誌ロンドン特派員当時ロンドン外国プレス協会会長。2005〜08年外務省で外務副報道官、麻生太郎外相（当時）のスピーチを担当した。BBC、CNNなど海外放送にライブ出演多数。慶應義塾大学大学院システムデザイン・マネジメント研究科教授（2023年3月まで）。著書に『誰も書かなかった安倍晋三』（飛鳥新社）、『日本人のための現代史講義』（草思社文庫）など。

文春新書

1382

安《あ》倍《べ》総《そう》理《り》のスピーチ

2022年9月20日　第1刷発行

著　　者　　谷　口　智　彦
発 行 者　　大　松　芳　男
発 行 所　株式会社　文　藝　春　秋

〒102-8008　東京都千代田区紀尾井町3-23
電話（03）3265-1211（代表）

印 刷 所　　理　想　社
付物印刷　　大 日 本 印 刷
製 本 所　　大　口　製　本

定価はカバーに表示してあります。
万一、落丁・乱丁の場合は小社製作部宛お送り下さい。
送料小社負担でお取替え致します。

ISBN978-4-16-661382-3